Studies for the Teacher Training

やさしく学ぶ 教職課程

幼児と児童のための教育とICT活用

末松 加奈 [編著]

学文社

執　筆　者

＊末松　加奈	東京家政学院大学（第1章1,2,5, 第3章3,4,5,8,10, コラム）
中村　清二	大東文化大学（第1章3,4, 第3章11）
齊藤　　勝	帝京平成大学（第2章1,2, 第3章1, 第5章）
井口　武俊	共立女子大学（第2章3,4, 第3章9,12, 第4章）
古谷　亨仁	姫路市立谷外小学校（第3章2）
吉永　早苗	東京家政学院大学（第3章6）
立川　泰史	東京家政学院大学（第3章7）
井上　知香	愛知淑徳大学（第6章1,4）
佐藤　朝美	愛知淑徳大学（第6章2,3,5, コラム）
富山　大士	こども教育宝仙大学（第7章）
原田　晋吾	東京家政学院大学（第8章）

（執筆順，＊印は編者）

まえがき

インターネットが普及し始めてから，すでに四半世紀が経ち，デジタルネイティブ世代（主に1990年代半ば以降に生まれ，生まれながらにデジタル環境に置かれていた世代）という言葉も一般的に使われるようになった。しかし，デジタルネイティブ世代と一口に言っても，その実態はさまざまである。家庭のネット環境，スマホやPCといった端末の有無，保護者の価値観などによって，一人ひとりが育ってきたデジタル環境は大きく異なる。学校も同様で，各学校のデジタル環境の整備状況や個々の教師のICT活用指導力には，差があるのが実情であった。

そのようななか，2022年度入学者より小・中・高の教員免許状の取得を目指す学生の必修科目として，「情報通信技術を活用した教育の理論及び方法」が新設された。これらの動きの背景として，教育において急速にICT化が進んでいるということ，またその変化に対する現場の戸惑いやICT活用指導力の育成の急務といった課題があげられている。小学校以降の学校におけるICT活用の大きな変化に加え，保育所・幼稚園・認定こども園といった保育現場でもICT活用が急速に進みつつあり，保育士・幼稚園教諭を目指す学生にとっても，ICT活用について学ぶことは大きな意義がある。

本書は，このような教職課程および教育・保育現場の急速な変化に対応するため，「やさしく学ぶ教職課程」シリーズの一つとして刊行された。同シリーズには「教育の方法・技術とICT」があるが，本書はその姉妹本的位置づけであり，より保育所・幼稚園・認定こども園や小学校の現場に切り込む内容となっている。さらに，特別支援教育におけるICT活用についても，本書では大きく取り上げた。特別な支援を必要とする子どもたちに対する理解および支援の内容は非常に多岐にわたる。そのため，本書でそのすべての内容が賄えるとは到底いえないが，少なくとも本書を介して特別支援教育の現場でICTを活用することの意義を発見し，興味をもってほしい。また，近年では，「幼保小の架け橋プログラム」が推進されるなど，幼保小の円滑な接続に向けた動きがますます活発化しており，連携を進めるうえでは保育所・幼稚園・こども園の保育者と小学校教諭の相互理解が重要とされている。たとえ，本書を手に取る学生が，どちらか一方の免許状の取得を目指していたとしても，相互理解の観点から，ぜひ本書を活用して学びを深めてもらえれば幸いである。

2023年3月

編者　末松　加奈

目　次

総論

小学校編

第1章 ICT 活用の意義とあり方

近年，学校現場では急速に ICT 活用が拡大している。それにより，個別最適な学びや遠隔教育の実現といった教育の新たな可能性が生まれた。その一方で，家庭における ICT 環境の差，教師一人ひとりの ICT 活用に対する意識や能力の差，情報セキュリティの問題，子どもが晒されるさまざまなリスク等，新たな課題も生じている。

未だ，ICT 活用の意義とあり方に対する明確な答えはない。年々進化する技術に対応しつつ，学校現場等では今日もその活用が模索されている。

1.1 Society 5.0時代にむけて

＊1　内閣府政策統括官（2017）「日本経済 2016-2017」第２章「新たな産業変化への対応」第１節「第４次産業革命のインパクト」

近年，ビックデータや人工知能（AI），IoT といった産業，技術の革新が急速に進んでいる。これは**第４次産業革命**[＊1] と呼ばれており，このような技術革新は，ビッグデータを活用した新たなビジネスの創造，AI やロボットにより現在の単純労働の多くが代替される可能性など，私たちの生活，労働，社会に大きな変革をもたらすと言われている。この変革後の社会は，狩猟社会，農耕社会，工業社会，情報社会に次ぐ新たな社会として**超スマート社会**（Society 5.0）と呼ばれている。

1. Society 5.0 時代に求められる教育

Society 5.0 では，IoT によりすべての人とモノがつながり，AI により個別に最適な情報が提供され，ロボットやそのほかの最新技術により人々の多様なニーズに対応でき，社会が抱えるさまざまな課題が克服できる，そのような社会の実現が可能であると言われている。そこには，イノベーションによる新たな価値の創造が必要不可欠であり，そのような Society 5.0 を担う子どもたちには，従来から大切にされていた読解力や数学的思考力などの基礎的な学力だけでなく，主体的に考え判断することができ，周りの人々と協働しながら創造的に活動できる力を培う必要がある。このような力を育むためには，どのような教育が必要なのだろうか。

これからの新しい時代には，物事を受け身に捉えるのではなく，自ら時代を切り開いていける力をつけられるような教育が求められる。また，子どもの貧困や特別な教育的支援が必要な児童への支援といった，今日の学校教育におけるさまざまな課題に対し，学校は個々のニーズの把握に努め，一人ひとりの可能性を大切にしていかなければならない。このような教育を実現するためには，「多様な子供たちを誰一人取り残すことのない個別最適な学び」と「質の高い教育活動を実施可能とする環境の整備」が必要であり，それにはツールとしての ICT（情報通信技術）を効果的に活用することが不可欠とされている。しかしながら，日本社会の ICT への適応は諸外国より遅れていることが指摘されており，それは教育においても例外ではない。

2. 日本の ICT 活用の状況

OECD が実施する国際調査からは，日本の教育が諸外国と比較し ICT 活用の観点で遅れていることがわかっている。図 1.1 は OECD 国際教員指導環境調査（TALIS）2018 の結果の一部であるが，日本の小・中学校の指導においてICTを頻繁に活用している教員の割合は諸外国の半分以下であり，さらにデジタル技術を活用し子どもの学習を支援できていると考えている教員も海外の半分ほどと，教員自らがICTを十分に活用できていないことを自覚していることが伺える。また，図 1.2 はOECD生徒の学習到達度調査（PISA2018）の質問紙調査の結果であるが，教科による多少のばらつきはあるものの，約 8 割の生徒が授業でデジタル機器を利用していないと回答している。これはOECD加盟国中で最も多い割合であり，総じて日本では海外と比較しデジタル機器を授業で利用する時間が少ないことが指摘されている。例えば，デジタル機器の利用が最も多いデンマークでは，1 週間のうち授業でデジタル機器を利用していないという回答は国語 1.5%，数学 3.9%，理科 4.4%である。これだけ諸外国と比べ，日本でICT活用が進んでいない原因はどこにあるのだろうか。その原因の一つと考えられるのが，デジタル機器配備や高速ネットワーク環境整備といったICT環境整備の遅れである。

［末松加奈］

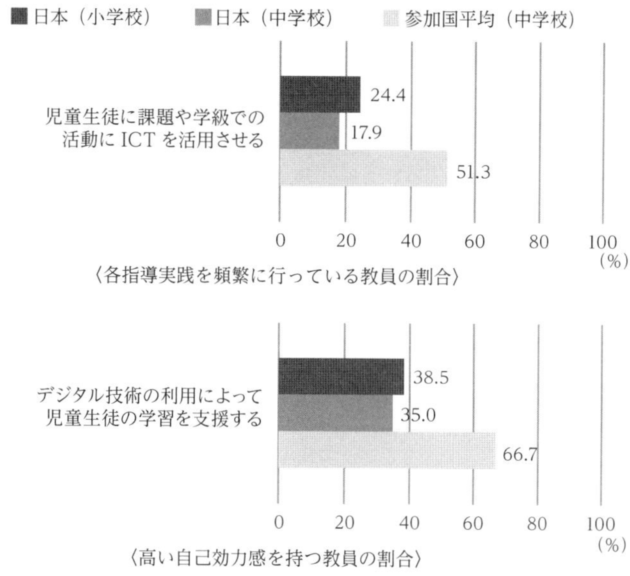

図 1.1　ICT 活用に対する教員の指導実践と意識
（出所）国立教育政策研究所（2019）より作成

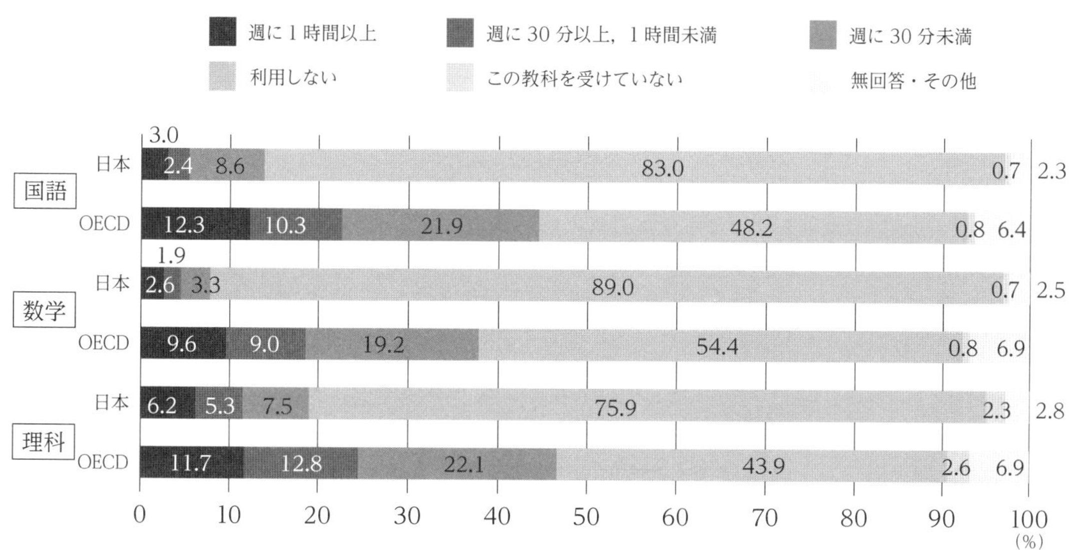

図 1.2　1 週間のうち，教室の授業でデジタル機器を利用する時間
（出所）文部科学省・国立教育政策研究所（2019）より作成

1.2 ICTとは何か

1. ICTとは

ICT（Information and Communication Technology）とは「**情報通信技術**」を指す言葉である。似た言葉にIT（Information Technology，情報技術）があるが，ITが技術を主に指した言葉である一方，ICTは技術に加えコミュニケーションを重要視しており，技術の活用も含む言葉である。また，ICTに含まれる技術には，パソコンやタブレットなどのデジタルデバイス，つまり情報通信機器という「もの」だけでなく，アプリケーションなどのソフトウェアやネットワークといった「もの」以外も含まれる。

教育の中でICTという言葉が使用されるようになって久しいが，そこでは「もの」としてのデジタルデバイスの整備だけでなく，「もの」を活用するための環境，例えば校内ネットワーク環境の整備や機器の操作などに精通した人的環境の整備，さらにはさまざまな場面での活用方法についての議論が必要である。

2. ICT環境整備の変遷

日本の教育現場へのコンピュータの導入は，1985年の臨時教育審議会第一次答申で情報化への対応が指摘されたのを皮切りに進められてきた。翌1986年の第二次答申では「情報活用能力」が定義され，その後1990年には第1次コンピュータ整備計画が策定され，小中高への教育用コンピュータの整備が進められることとなった。その後15年程かけて学校への教育用コンピュータの整備が進められていくことになるが，その整備されるコンピュータの多くは主にコンピュータ室において使用することを想定したものであった。

2008（平成20）年第1期教育振興基本計画において，校内のネットワークといった学校におけるデジタルデバイス以外のICT環境の整備，そして教育用コンピュータ1台当たりの児童生徒数3.6人が目標として掲げられ，それまでコンピュータ室での使用が主に想定されていたICT活用が，より範囲を広げ幅広いものとすることが示された。しかしながら，図1.3からわかるように教育用コンピュータの整備はなかなか進まず，2018（平成30）年度時点の教育用コンピュータ1台当たりの児童生徒数は5.4台，小学校では6.1台と目標の3.6台には届かない状況であった。その問題は教育用コンピュータの整備のみにとどまらず，無線LANなどのネットワーク環境についても，小学校の普通教室における無線LAN接

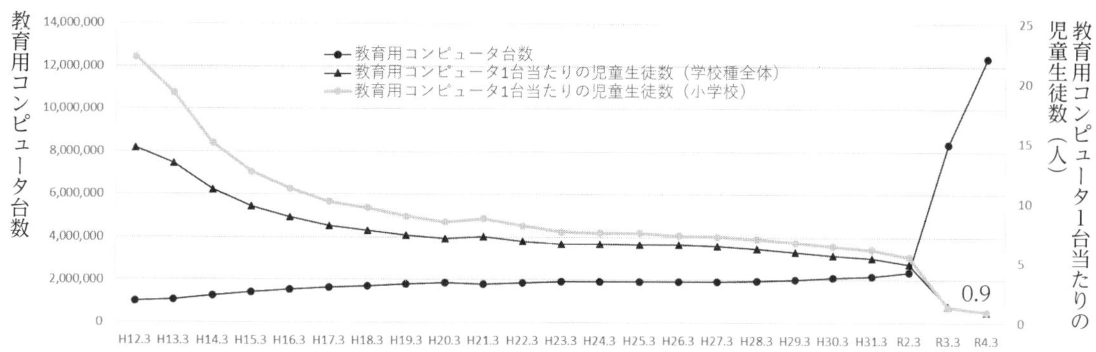

図 1.3　教育用コンピュータの整備状況

（出所）文部科学省「学校における教育の情報化の実態等に関する調査（平成 11 年度～令和 3 年度）」*[1] より作成

続率は 43.3% と，十分とはいえなかった。また，地域格差も大きく，全国的に早急な ICT 環境整備が求められたのである。

この状況を危惧し，2019（令和元）年 12 月に新たに打ち出されたのが「**GIGA スクール構想**」*[2] である。GIGA スクール構想の目的は，児童生徒 1 人 1 台の端末と高速大容量通信が可能な通信ネットワークを整備することによって，「多様な子供たちを誰一人取り残すことなく，公正に個別最適化され，資質・能力が一層確実に育成できる教育 ICT 環境を実現する」ことである。

3. GIGA スクール構想

GIGA スクール構想は，学校内のネットワークの整備と 1 人 1 台端末の整備が大きな 2 本の柱である。さらに，2020（令和 2）年度からは，新型コロナウイルス感染拡大による休校措置等で子どもの学びを保障する必要性が急速に高まったことから，家庭でのオンライン学習環境の整備や ICT 技術者を学校に配置するための予算が新たに盛り込まれることとなった。

GIGA スクール構想の目的は上記に述べた通り，単にデジタルデバイスやネットワーク環境の整備が完了すれば達成されるものではない。誰も取り残さず，資質・能力を育成できるような教育環境を整備することが達成すべき事項である。そのためには，ただ ICT を使えばよいという考え方に立つのではなく，ICT の利点と欠点をよく理解したうえで，今まで培ってきた教育実践の優れた点を活かしつつ，より良い教育実践とするためにどう ICT を取り入れるかという視点に立ち，日々の教育実践を積み上げる必要がある。一方で，ICT を活用するためにはその環境整備は必須事項であり，安全かつ十分に ICT が活用できるような環境が整っているかという視点も同時に持っておかねばならない。　［末松加奈］

*1 「学校における教育の情報化の実態等に関する調査」は，1999（平成 11）年度から毎年全国の公立学校に対し実施され，ICT 機器の整備状況やインターネット接続環境，教員の ICT 活用指導力について調査している。2021（令和 3）年度の調査結果では，教育用コンピュータ 1 台当たりの児童生徒数が 0.9 人と，数値の上では GIGA スクール構想が目標とする 1 人 1 台端末が達成された。

*2 文部科学省（2019a）「GIGA スクール構想の実現について」GIGA スクール構想に関連する情報が掲載されている。特に，リーフレット（令和元年版と令和 2 年度追補版）は，予算配分を含め構想についてわかりやすくまとめられている。

1.3 デジタルデバイス

1.「教育メディア」としてのデジタルデバイス

デジタルデバイスは，デジタル情報を扱う電子機器のことであるが，今日ではインターネットに接続可能なPCやスマートフォン，タブレット端末，ゲーム機などを総称する意味で用いられている。このデジタルデバイスの中でも，タブレットは学校の教室にあるさまざまな物品の一つとして新たに付け加わったものである。

皆さんの通った学校の教室を思い浮かべてほしい。そこには，机や椅子，前方には黒板，後方には掃除用具入れなどがあったはずだ。

黒板は教室前後にあり，黒板のよこには掲示スペースがある（時間割や学年や学級の通信，保健関係のおしらせ，後方にはみなさんの作品が掲示されてはいなかっただろうか）。教室前方には学校によっては液晶テレビあるいはプロジェクターが設置されている。また，理科室や家庭科室にいけば，実験器具や調理器具などがある。また，社会科や算数科の授業場面を思い出してほしい。教室のみんなで確認できるよう，拡大された地図や大きな三角定規や分度器を教師が使っていたはずだ。こうした，時間割，学級通信，そして黒板やプロジェクター，実験器具，大きな分度器などを総称して「**教育メディア**」と呼ぶ。

2. 教科書を教えるのではなく，教科書で教える

この「教育メディア」というくくりには，さらに，教科書教材や教師が用意するプリント類，授業で試聴する教育用映像，デスクトップコンピュータまで含まれる。「教育メディア」という言葉は，これひとつで，学校の教師が仕事で使うものほとんどすべてを覆うほどの広い意味をもつ。

そんな多種多様な「教育メディア」の中でもその中心にあるのが教科書教材である。「**教材**」という言葉は，その漢字表記から〈教えるための材料〉を指す。「材料」とはなにかをつくるための素材であるが，教育の場合，子どもたちの中に「なにかをつくるための素材」を意味する。つくられるのは科学や文化の知識や技能だ。つまり，子どもたちに身につけてほしい科学や文化の知識や技能を教えるための素材が教材ということになる。さらにこの「身につけてほしいもの」を「教育内容」と呼ぶ。

知識や技能を実際に身につけていく場面が「授業」であるが，授業をつくろうとする時，この「教育内容」と「教材」を分けておくことは基本中の基本とされている。教育方法学では，「教育内容を教材で教える」こと

を重視してきた。つまり「教科書を教えるのではなく，教科書で教える」ということ，「教科書教材でなにを教えるのか？」という考えだ。

3. 授業展開に応じて自覚的に使う

タブレットは「教育メディア」の新しい仲間であるが，タブレットにはいま挙げたこととは違う特徴がある。教師用の大きな定規や分度器（これらを「**教具**」と呼ぶ）とくらべると，その違いがわかりやすい。

教具を使うのはあくまでも教師であるが，タブレットは子どもたち一人ひとりである。しかも，タブレットで文字を書いたり絵を書いたりすることができる。書いたらその場でワンタップで操作を取り消すこともできる。計算もできる。写真や動画の撮影もできる。インストールされた辞書を引くこともできるし，辞書に載っていないことをインターネットで調べることもできる。読み・書き・計算といった基本的なことに加え，記録する・調べることもできるという特徴がある。ほかにもまだまだあるだろう。

こうした特徴をみると，タブレットを，教師用の「教育メディア」ではなく，子どもたち一人ひとりの手元にある鉛筆やノート，消しゴムや定規など文房具（文具）と括るほうがよいのではないか，と考えたくなる。教具ではなく文具としてタブレットを位置づけるほうがよい，という発想だ。たしかに，教師の管理や指示とは関係なく，学習者が「なんだろう？」と思った時，すぐに操作できる面を考えると，この発想には一理ある。

一方で，自由度という点で考えると，紙や鉛筆と同等とはいえない。例えば，紙と鉛筆には，教科書の隅に棒人間のパラパラ漫画をかけるような自由度があるが，タブレットにはない。それに特化したアプリが必要となる。無数の可能性（発明・創造の自由）という点では，もしかしたら紙と鉛筆の方があるかもしれない。なによりデジタル教科書がタブレットにインストールされた場合は，タブレットは「教材」そのものとなる。

タブレットが教具か文具かというと，どちらでもないというのが現在の冷静な見方だろう。この曖昧さが，デジタルデバイスを使う際の戸惑いや，教師の仕事の負担となっている。

さらに，ICT デバイスは，「教育メディア」として可能性を感じさせもするが，実際の教育効果は不明だ。それゆえ，すくなくとも，「タブレットで教科書を教える」ことにならないよう，自覚的に教育内容と教材の混同を避けつつ，文具として，使えるときに使うといったところが妥当だと思われる。

［中村清二］

学びを保障するために

1. 見えづらい願いを大切にすること

「学習権を保障する」とは，権利としての学習を子どもたちから奪わないことだけでなく，その願い（意欲）を保障することでもある。

「できない」子どもたちをどう学習の主体者として育てればいいのか，日本の教師たちはこの難問を前に苦労を重ねてきた。その中で気づいたのは，「できない」子どもたちは，「一見，学ぶことを拒否しているようにふるまう子どもたち」であるということ。そして，これを「ほんとうは，わかりたい」という願いをもっているという確信にまで深めるに至った。この見えづらい願いを丁寧に育てながら，ともにわかる・できる授業を追求するようになる中で，1960 年代以降，学習権の保障という言葉が使用されるようになった。

2. 権利としての学習

学習権とは，学習者の教育への権利のことをいう。

日本国憲法第 26 条は，国民は「等しく教育を受ける権利を有する」とし，保護者は普通教育を受けさせる義務を負うと規定している。この「教育を受ける権利」という表現をより積極的かつ主体的に捉えたものが学習権である。受動的に捉えるのではなく，「教育の目的・内容・方法」（なんのために・なにを・どう学ぶか）への学習者の積極的な参加も含めて権利とした。

国際的にも，子どもたちを教育を「受ける」存在とするよりも，より積極的に「権利行使する」存在として位置づける動向は顕著となった。例えば，子どもの権利条約（1989 年）は，第 28 条において「教育への権利」を認め，第 12 条において「意見表明権」を保障するとしている。あるいはまた，ユネスコの学習権宣言（1985 年）は，「学習権とは，読み書きの権利であり，問い続け，深く考える権利であり，想像し，創造する権利であり，自分自身の世界を読み取り，歴史をつづる権利であり，あらゆる教育の手立てを得る権利であり，個人的・集団的力量を発達させる権利である」とし，能動的な学習者を強調し，基本的人権の一つに位置づけたのである。

3. 実際に「保障する」ときに注意したいこと

この積極的な権利を，実際に「保障する」とき，次の 2 つが重要になる。

ひとつ目は，子どもの学習権は，まずは保護者・親たちの養育（貧困やネグレクトなどなく安心して暮らせること）と，よりよい教育を求める権利に支えられていること。と同時に，子どもの学習要求と保護者・親の期待に応える専門的知見を備えた教師の教育活動によって保障されること。

２つ目は，教育行政が，よりよい教育を求める保護者の活動／保護者の期待に応えようとする教師の活動の条件を整えることによってこそ「学習権の保障」が現実化されるということである。

念のため述べると，このことは，子どもを国家や学校あるいは親の期待に一方的に合致させようとすることではなく，あくまでも子どもを権利要求の主体とし，その発達を保障する観点に立っている場合にのみ，学びの保障は有意義となる，ということである。

もちろん，実際には，子どもの学習権と保護者・教師の教育権限をいかに調節し，合意をつくりだしていくかは研究上も実践上も重要な課題となっている。

4. 学びを「保障する」

新型コロナウイルス感染症が広がるなか,「学びの保障」と銘打って，学校は感染症対策をしつつ，学校での学習を最大限保障することになった。3カ月近い一斉休校中，文部科学省は，特にICTの活用を強いトーンで打ち出した。学校では，学習課題の配信，授業の録画・配信，デジタルデバイスを使った遠隔学級会といったさまざまな工夫・手立てがとられた。

その中で，上記の２つの重要事項が課題となった。事例を紹介しよう。休校中の学習課題を家庭に届ける方法をめぐって，課題を学校のサイトからダウンロードしてもらいプリントアウトできるように，と教師たちが話し合い，考えているうちに気づいたのは「家庭のICT環境」について，学校側は実は知らないということだった。そこで調査してみると，動画を見ることができても端末は保護者の携帯（スマートフォン）であり，プリントアウトできない家庭がかなりあるということだった。また，学校からのお知らせメールの登録ができていない家庭もかなりの数にのぼった。それを踏まえて，動画は「授業」ではなく「スライドショー」として3分ほど，お知らせメールの届かない家庭には電話連絡することが確認された（『コロナ時代の教師のしごと』*[1] より）。

このように，学習を実際に保障しようとするとき，教育行政の想定と家庭での養育の実態にギャップが存在することはめずらしくない。そうしたときには，「学習権の保障」の考えを拠り所とし，家庭の実態を把握することが重要になる。教師の専門性にとって，「学習権の保障」が欠かせないものであることが，コロナ禍においても確認された事例である。

［中村清二］

＊1　教育科学研究会・中村（新井）清二・石垣雅也編著（2020）『コロナ時代の教師のしごと―これからの授業と教育課程づくりのヒント』旬報社

1.5 ICT活用の意義とあり方

1. ICT 活用の効果とリスク

ICT 活用の効果に関してはさまざまな見解があるが，例えば「新時代の学びを支える先端技術活用推進方策（最終まとめ）」（文部科学省，2019b）によれば，表 1.1 のような効果があるとされる。子どもの学びに関しては，時間や距離といった物理的制約が取り払われ，個別最適な学びに効果があること，校務に関しては，働き方改革につながることが指摘されている。

このような ICT 活用のメリットが示される一方，懸念事項も示されている。第一に，子どもの健康とウェルビーイングにデジタル環境がどのよ

表 1.1　ICT 活用の効果

① 学びにおける時間・距離などの制約を取り払うこと 例えば，遠隔教育により，学びの幅が広がる，多様な考えに触れる機会が充実する，さまざまな状況の子供たちの学習機会が確保されるなど，場面に応じた学びの支援を行うこと。
② 個別に最適で効果的な学びや支援 例えば，子供の学習状況に応じた教材等の提供により，知識・技能の習得等に効果的な学びを行うこと，子供の学習や生活，学校健康診断結果を含む心身の健康状況等に関するさまざまな情報を把握・分析し，抱える問題を早期発見・解決すること，障害のある子供たちにとっての情報保障やコミュニケーションツールとなること。
③ 可視化が難しかった学びの知見の共有やこれまでにない知見の生成 例えば，教育データの蓄積・分析により，各教師の実践知や暗黙知の可視化・定式化や新たな知見を生成すること，経験的な仮説の検証や個々の子供に応じた効果的な学習方法等を特定すること。
④ 学校における働き方改革の推進 例えば，教材研究・教材作成等の授業準備にかかる時間・労力を削減すること，書類作成や会議等を効率的・効果的に実施すること，遠隔技術を活用して教員研修や各種会議を実施すること。

（出所）文部科学省（2019b）を参考に作成

表 1.2　デジタル環境のリスク

リスクの種類	内　容
コンテンツリスク	違法，有害なコンテンツ（ヘイトスピーチ，詐欺，ポルノ，テロや暴力の扇動，フェイクニュースなど）によるリスク。
コンダクトリスク	子ども自身が危険なデジタルコンテンツなどに寄与するような行動（ヘイト的な行動，ネットいじめ，性的メッセージの交換など）をとった場合に起こるリスク。
コンタクトリスク	ネット上で他者と接触することにより起こるリスク。例えば，性的人身売買やサイバーグルーミング（性的虐待を目的に，オンライン上で子どもに接触を図り，言葉などで子どもを信頼させる行為）など。
コンシューマーリスク	子どもが消費者として負うリスク。例えば，年齢制限の必要な広告，オンライン詐欺など。また，インフルエンサーマーケティングなども，子どもたちが自身のロールモデルとしてインフルエンサーの影響を受けやすい点から，影響を与える恐れがあるとされている。
クロスカッティングリスク	①プライバシーリスク（自分自身が共有した情報だけでなく，オンライン上で参加することによって本人が意識せずに取得された情報も含む），②先端技術リスク（例えば，AI により収集される個人データによりプライバシーに関して負うリスク），③健康とウェルビーイングへのリスク（過度のスクリーンタイム，ネット依存など）

（出所）OECD（2022）を参考に作成

うな影響をもたらすのかという点についてである。子どもが晒されるリスクは，大別すると**表 1.2** に示す 5 種類があるといわれている（OECD, 2022）。ICT の活用は，これらの効果とリスクを十分に理解したうえで考えられなければならない。

次に，子どもの理解という観点では，**デジタルディバイド**の存在も無視できないだろう。デジタルディバイドとは，「情報通信技術を利用できる人とできない人との間に生じる格差」のことをいう。例えば，家に自分が学ぶために使うことができるコンピュータやネットワークを持たない子どもは，学校からオンライン上で取り組むような宿題を出されたとしても，家で取り組むことが難しい。また，このようなデジタルディバイドは子どもが持つデジタルスキルの差にも表れる。教師はデジタルディバイドがあることを十分に理解した上で，一人ひとりの子どもの状況に配慮して ICT を活用していかなければならない。

2. ICT を活用する学習場面

ICT を活用する学習場面は，主に，「一斉学習」「個別学習」「協働学習」に分類される。実際の授業においては，そのねらいに応じてこれらの学習場面を組み合わせていく。すべての学習場面で ICT を活用する必要はない。ねらいに即した効果的な ICT 活用方法の選択が必要となる。また，必ずしも学級の全員がデジタルデバイスを使う，もしくは使わないとどちらかを選ぶ必要はない。「自分に合った活用方法を選択できる」という力の育成も必要だろう。また，特別な教育的支援が必要な児童・生徒に対してデジタルデバイスが有効であれば，その活用を進めることも重要である。活用例については**表 1.3** にも簡単に示しているが，より詳しくは第 2, 3, 4, 8 章を参考にしてほしい[*1]。

表 1.3　学習場面における ICT 活用のポイント

学習場面		活用例
一斉学習	教員による教材の提示	電子黒板等を用いた分かりやすい課題の提示
個別学習	個に応じる学習	一人一人の習熟の程度などに応じた学習
	調査活動	インターネット等による調査
	思考を深める学習	シミュレーション等を用いた考えを深める学習
	表現・制作	マルチメディアによる表現・制作
	家庭学習	タブレット PC 等の持ち帰りによる家庭学習
協働学習	発表や話合い	考えや作品を提示・交換しての発表や話合い
	協働での意見整理	複数の意見や考えを議論して整理
	協働制作	グループでの分担や協力による作品の制作
	学校の壁を越えた学習	遠隔地の学校等との交流

（出所）文部科学省（2014）[*2] より作成

［末松加奈］

*1　より先端的な技術を用いた事例については，文部科学省（2021）「学校における先端技術活用ガイドブック（第 1 版）―「新時代の学びにおける先端技術導入実証研究事業」の成果を踏まえて―」を参照されたい。

*2　文部科学省（2014）「学びのイノベーション事業実証研究報告書」には，小・中・特別支援学校における活用例や情報セキュリティ，子どもの健康面に対する配慮事項について詳しく書かれている。

【発展問題】

・文部科学省の「学校における教育の情報化の実態等に関する調査」では，ICT 機器の整備状況以外にも，インターネットの接続状況や，電子黒板の設置状況，教員の ICT 活用指導力などさまざまな調査がなされている。本調査の結果から，日本における ICT 活用状況の現状についてまとめてみよう。
・皆さんの周りにはどんなデジタルディバイドがあるだろうか。自分の身近にあるデジタルディバイドから，学びを保障するためにはどのような支援が必要か考えてみよう。

【推薦文献】

・**トレーシー・バーンズ＆フランチェスカ・ゴットシャルク（編著），OECD（編），西村美由起（訳）『教育のデジタルエイジ―子どもの健康とウェルビーイングのために』明石書店，2021 年**

子どもの健康とウェルビーイング，そして子どものデジタルテクノロジーの利用に関するトレンドが示されるとともに，デジタルでの遊びやデジタルメディアの子どもへの影響，そのような子どもを取り巻く環境の変化に対応する教師の責任と支援の在り方などについて記載されている。デジタルエイジといわれる子どもたちの現状と課題についての理解を深めることができる書籍である。

・**OECD（編），LINE みらい財団（監訳），齋藤長行・新垣円（訳）『デジタル環境の子どもたち―インターネットのウェルビーイングに向けて』明石書店，2022 年**

デジタル環境の子どもへのリスクについて，考え得るリスクの概要から，そのようなリスクから子どもを守るためのさまざまな政策についてまとめられた書籍である。世界的な新型コロナ感染拡大による，子どものデジタル環境の変化への対応についても記されている。

個に応じた学びと協働的な学びにおけるICT活用

ICT を活用する学習場面には，教員が主体となる一斉指導における活用の他に，子ども一人ひとりに応じた学びである個別学習（個に応じた学び）と，子ども同士の学び合いである協働学習（協働的な学び）がある。本章では，この2つの学びについて，ICT 活用方法とあわせて解説する。同じデジタルデバイスであっても，学びの目的が異なれば，その活用方法も異なることに着目して，読み進めてほしい。

2.1 個別最適な学び

教育関連の話題で，最近よく「個別最適な学び」という言葉を目にするようになった。新型コロナウイルス感染症の感染拡大によって学校の臨時休業が長期化し，多様な子どもたち一人ひとりが自立した学習者として自ら学ぶことができているか，という課題が顕在化した。そこで，これからの学校教育においては，子どもたちが自ら学習を調整して学んでいくことができるよう，「個に応じた指導」を充実させる必要がある。この「個に応じた指導」を学習者の視点から整理した概念が「**個別最適な学び**」である。

1. 個別最適な学びを図る背景

「「令和の日本型学校教育」の構築を目指して～全ての子供たちの可能性を引き出す，個別最適な学びと，協働的な学びの実現～（答申）」*1（中央教育審議会，2021）では，2020年代を通じて実現すべき「令和の日本型学校教育」の姿として，「個別最適な学び」と「協働的な学び」がキーワードとして挙げられている。

*1 中央教育審議会（2021）「「令和の日本型学校教育」の構築を目指して～全ての子供たちの可能性を引き出す，個別最適な学びと，協働的な学びの実現～（答申）」（令和３年１月）

現在の学習指導要領では「主体的・対話的で深い学び」が重視されているが，その実現のためには，子どもたちが自ら学びに向かい，他者と協働して深く学ぶことが必要である。自ら学びに向かうことを促進するためには，一人ひとりに合った学習や指導が必要になる。答申では，「個別最適な学び」について，「これまで以上に子供の成長やつまずき，悩みなどの理解に努め，個々の興味・関心・意欲等を踏まえてきめ細かく指導・支援することや子供が自らの学習の状況を把握し，主体的に学習を調整することが求められる」と示されている。

さらには，個別の学習を実施するだけでは「対話的な学び」とならないため，「個別最適な学び」と「協働的な学び」の２つを一体的に充実させ，「主体的・対話的で深い学び」の実現を目指していくのである。

2.「個別最適な学び」のための「指導の個別化」と「学習の個性化」

前述の答申では，「個別最適な学び」について「**指導の個別化**」と「**学習の個性化**」に整理されており，子どもたちが自己調整しながら学習を進めていくことができるよう指導することの重要性が指摘されている。

(1) 指導の個別化

「指導の個別化」とは，一定の目標をすべての子どもたちが達成することを目指し，個々の子どもの実態に応じて，教材，指導方法，学習時間などを柔軟に提供することである。つまり，一律に全員同じ学習環境を与えるのでなく，その子に合った学習の機会や手立てを与えられるよう，教師による指導の工夫をしていくことが重要である。その中で，児童生徒自身が，自らの状態をさまざまなデータなども活用しながら把握し，どのように学習を進めることが効果的であるかを学んでいくことで，確実な資質・能力の育成につなげていくことが期待されている。

この点に関連し，中央教育審議会答申 (2016) *2 でも，「子供の貧困」や「特別支援教育」「外国につながる子供」「不登校児童生徒」といった課題を挙げ，子どもの発達や学習を取り巻く個別の教育的ニーズを把握し，一人ひとりの可能性を伸ばしていくことが課題であると指摘されている。主体的・対話的で深い学びの実現に向けた授業改善の中でも，基礎的・基本的な知識及び技能の習得に課題がみられる場合には，それを身につけさせるために，学びを深めたり主体性を引き出したりといった工夫を重ねながら，確実な習得を図ることが求められている。

＊2　中央教育審議会 (2016)「幼稚園，小学校，中学校，高等学校及び特別支援学校の学習指導要領等の改善及び必要な方策等について (答申)」(平成 28 年 12 月)

例えば，課題を解くためのヒントカードを事前に準備しておき，自力で解くかヒントをもらうか，子どもたちが自分で選択できる環境をつくるのも，「指導の個別化」といえるだろう。難しく考えなくとも，このように教師による指導を工夫していくことで，子どもたちが自らに合った学習の進め方を考えることができるようにしていくことが重要である。

(2) 学習の個性化

「学習の個性化」とは，子どもたち一人ひとりの興味・関心などに合わせた学習活動や学習課題に取り組む機会を提供することである。何を学ぶか，どのように学ぶか，を学習者である子ども自らがすべて自己決定して学習を進められるようになることが理想であるが，自己決定の度合いを変えることで段階的に取り入れていくことは十分可能である。

教科指導に最も取り入れやすいのは，順序選択学習である。学習内容や課題の順序を入れ替えても問題なく学べる場合に，その学習順序を子どもが選べるようにするのである。また，単元の目標を達成するための課題が複数設定されている学習の場合には，子どもが自らの興味・関心に合わせて学習課題を自由に選択できる課題選択学習も可能である。さらに自由度を高めた学習が，課題設定学習である。単元の目標を達成するのに適した学習課題を子どもたちが自由に設定できるようにするのである。

このような指導の工夫により，子どもたちは，自分にはどんな学習方法が合っているのか，どんなやり方ならうまく学べるのかを自ら認識し，自分で学習を進めたり調整したりすることができるようになる。子どもたちが，自分の得意な領域や学び方を身につけることは，将来の進路選択やキャリア形成につながる大切な力となる。そのために，教師は，子どもたち一人ひとりの学びを最大限に引き出す役割を果たすべきである。

［齊藤　勝］

2.2 個別最適な学びにおけるICT

個別最適な学びの実現には，ICT の活用が欠かせない。また，その ICT を有効に活用した授業の進め方も，今後ますます多様化していくだろう。現在，GIGA スクール構想の環境整備によって，多くの学校で，1 人 1 台の端末はもちろん，公式 ID が個々の子どもに付与され，クラウドを活用することを前提とした学習が可能となっている。では，個別最適な学びのための ICT を活用すると，どのようなメリットがあるのだろうか。

1. 必要な情報を必要なタイミングで自由に手に入れることができる

子どもたち一人ひとりの興味・関心に対応するためには，可能な限り，情報や物品を豊富に準備して提供する必要がある。しかし，多様な資料を準備するというのは，教師にとって非常に大変なことである。そこで，ICT を活用すれば，必要な子が必要なタイミングで自分の欲しい情報にアクセスすることができる。教師側も情報収集や情報提供が容易になる。ただし，情報へのアクセスや入手は子どもたちに任せるとしても，教師が何もせず 1 人 1 台の端末を与えておけばよいというわけではない。その学習内容に関して，どこにどんな情報があるのかを把握しておくなど，一定程度教師のコントロールは必要である。

2. 学習の成果物の作成や修正を容易にする

例えば，作文指導を例に挙げてみよう。作文というのは文字を書くことが本来の目的ではない。自分の表現したいことをより効果的に表せるように工夫することである。文字を書くことが苦手な子も，ICT の音声入力の機能を活用すれば，自分の思いを表すことが容易になる。また，作文を書く時にはたいてい書いたり消したりを繰り返すものだが，その行程に子どもたちは書く意欲を失いがちである。しかし，文章構成の検討，考えの形成，記述，推敲という「書くこと」の学習過程において，ICT の文章作成ソフトを活用することで，子どもたちの負担感を軽減することができるだろう。最初のうちこそ文字の入力に時間がかかるが，一度入力した文字や文は，訂正したり推敲したりしても消して書き直す必要がない。何度でも試せる，繰り返せる，やり直せるところが ICT の良さである。

また，カメラ機能は小学校低学年の児童でも扱いやすい ICT の機能の一つであり，写真，動画，音声を使うことで，表現の幅を広げることができる。さらには，それらの記録を蓄積していくことで，子どもたちが自ら学習を振り返ることに活用することも可能である。

3. 学校での授業と家庭学習をつなぐ

１人１台端末があれば，学校での学習の振り返りやまとめを家庭で行うこともできる。個人が授業の中で教師から指示された情報だけをやり取りするのではなく，自宅においても学校で学んだことを持ち帰って学習することが可能となる。今日の学びが自分にとってどんな意味があるのかをじっくりと考え，自分の言葉で表現することで，子どもは，その学びをより自分のものにすることができる。子どもたちが各家庭で行った振り返りは瞬時にアップロードされ，その日のうちに教師が確認し，翌日の指導に生かすこともできる（指導と評価の一体化）。また，事前に家庭で動画を視聴するなど，学習内容の一部を家庭で学習する「反転学習」もICTを活用すると容易であり，一人ひとりのペースで学習を進めることができる。個別最適な学びを実現するためには，学校と家庭が連携し，家庭学習の指導を工夫することで，自立的な学び手を育成することが重要である。

4. 個への支援を充実させる

習熟度別学習など，個々の学習者の理解度に合わせて，学習内容や学習レベルを調整して，適切な学びの機会を提供すること（**アダプティブ・ラーニング**）は，これまでも行われてきている。しかし，１人１台端末でAIを搭載した学習アプリ（デジタルドリルなど）を活用すれば，学習者個人の理解度に合わせた学習問題を提供することが容易になる。また，教師は，自身の端末から，子どもたち一人ひとりの学習状況をリアルタイムに確認することができる。それにより，学習の進み具合やどこにつまずいているかなど，個々の子どもたちの学習状況を把握したり，分析したりすることが容易になり，個別の支援を充実させることが可能になる。

5. 個々の学習者に合わせた学習を可能にする

先述のように，ICTを活用すると，過去の学習履歴（学習ログ）や身につけた知識やスキルを記録することができるため，個々の学習者が自身の興味・関心，スキルやニーズに合わせて学習内容や学習方法を調整すること（**パーソナライズド・ラーニング**）を可能にする。パーソナライズド・ラーニングは，アメリカや欧米諸国で広く取り入れられている学び方であり，学習指導要領や検定教科書に基づいている日本の教育現場では，なかなか取り入れにくい部分もあるかもしれない。しかし，学習指導要領に示されている目標を達成するための学習内容や学習方法について，子どもたち自身が自己決定する学びは実現可能であるといえよう。子どもが自己決定する機会を増やし，自らの学びを調整する力を身につけることで，すべての子どもたちが生涯に渡って学び続けられるような自立した学び手となるよう，指導の工夫と充実を図っていかなければならない。　［齊藤　勝］

協同的（協働的）な学びとは

1. 協同的（協働的）な学びが求められるわけ

「「令和の日本型学校教育」の構築を目指して～全ての子供たちの可能性を引き出す，個別最適な学びと，協働的な学びの実現～（答申）」（中央教育審議会，2021）の中では以下のように示されている。

- 「令和の日本型学校教育」の目指すべき姿を「全ての子供たちの可能性を引き出す，「個別最適な学び」と「協働的な学び」」とした。
- 「個別最適な学び」と「協働的な学び」を一体的に充実させ，新学習指導要領が目指す「主体的・対話的で深い学び」の実現に向けた授業改善につなげる。

その中で，協働的な学びは以下のように説明されている。

> 協働的な学び：探究的な学習や体験活動などを通じ，子供同士で，あるいは地域の方々をはじめ多様な他者と協働しながら，あらゆる他者を価値のある存在として尊重し，様々な社会的な変化を乗り越え，持続可能な社会の創り手となることができるよう，必要な資質・能力を育成する。

ICTの活用により，児童一人ひとりが自分のペースを大事にしながら共同で作成・編集などを行う活動や，多様な意見を共有しつつ合意形成を図る活動など，「協働的な学び」（以下，協同的な学び）[*1]もまた発展させることができる。ICTを利用して空間的・時間的制約を緩和することによって，遠隔地の専門家とつないだ授業や他の学校・地域や海外との交流など，今までできなかった学習活動も可能となる。

現代の子どもたちを取り巻く環境は多様に変化しているため，学校教育で重視されている協同的な学びには，多様な価値観を認め合い，自身の考えを振り返ることにあるといえるだろう。

2. 協同的な学びの理論

協同学習（Cooperative Learning）について，D.W. ジョンソンら（Johnson, Johnson, & Holubec, 1993）は次のように説明している。「協同学習とは，小集団（small group）を活用した教育方法であり，そこでは子どもたちが一緒に取り組むことによって自分の学習と互いの学習を最大限に高めようとするものである。しかし，ただグループに分けて学習させるだけでは，協同学習とは言わない。学習者を小集団に分け，その集団内の互恵的な相互依存関係を基に，協同的な学習活動を生起させる技法が協同学習である。」[*2] つまり，協同学習を実施する際に，他者との互恵的な関わり（協力

＊1　「"きょうどう"学習」には，「協働」「協同」「共同」といったさまざまな表記がある（他に，「協調学習」もある）。何がどう異なるのかを明確に記した統一的な見解は今のところなく，元となる理論や学問分野により表記が異なるといわれている。英語では，Collaborative Learning と Cooperative Learning があるが，その日本語表記は統一されていない。現行学習指導要領では，それまで「協同的」と記していたものを「協働的」と改めた。その趣旨について，文部科学省（2017）は「意図するところは同じであるが，ここまで述べたような，異なる個性をもつ者同士で問題の解決に向かうことの意義を強調するためのものである。」としている。

＊2　筆者（井口）の訳による。

関係を築くこと）が重要なのである。

3. 協同的な学びが停滞する要因

学級内で協同的な学びを実施すると，グループによって達成度や活性度には大きな差がみられる。教師が想定した以上の結果を出すグループもあれば，別のグループではそれぞれの意見を一巡して発表しただけで，その後は終了時間を待っているだけのところもある。このようにグループによって差が生まれ，協同的な学びが停滞する要因にはどのようなものがあるのだろうか。以下，停滞する要因の例を表 2.1 に示す。

表 2.1　協同的な学びが停滞する要因

不慣れ	何をしたらいいか不明で，沈黙が続く。
同　調	メンバーの意見に賛同するのみで，議論や対立をためらい深まりがみられない。
フリーライド	グループの中で成果を出すための努力を怠り，メンバーに依存した形で所属している。
不公平	役割や分担に差が生じ，意図的に手を抜いたり，意欲が著しく下がっていく。
重　荷	グループの中に，話し合いのスキルや意欲が低いメンバーを抱えている場合，フォローに力が注がれ，実力を発揮できない。
不活性	用意していた意見や，台詞通りの一方的の発表に終始し，応答や反応が乏しく活性化していかない。

これらの阻害要因をさりげなく緩和させながら協同的な学びを展開することが重要となる。

4. 協同的な学びを実施する場面

学習の中で，協同的な学びが行われるのは，児童個々の考えを基にグループで検討し学びを深める時や出された意見や問題をまとめる時，優先順位をつけて整理する時などである。一方，グループで意見を出し合って，その後個人で問題に取り組む際に実施されることもある。「個人⇒グループ」といった流れと，「グループ⇒個人」といった流れがあるのだ。さらに，学習だけでなく学級の課題について話し合う時や，当番や係の仕事を振り返ったり，改善したりする時にも，協同的な学びが実践される。

［井口武俊］

2.4 協同的な学びにおけるICT

「さあ，話し合いの時間です。始めてください」と指示をしても，すべてのグループに活発な話し合いをさせるのは困難である。どの児童も，協同的な活動に主体的に取り組めるような工夫が必要となる。協同的な学びを促すため，活動の目的や課題を明確にすることが必要で，ICT はその手立てとなる。児童相互の活発な交流を促すツールとして ICT を活用してほしい。

1. 学習者の思考の流れを支援するツール

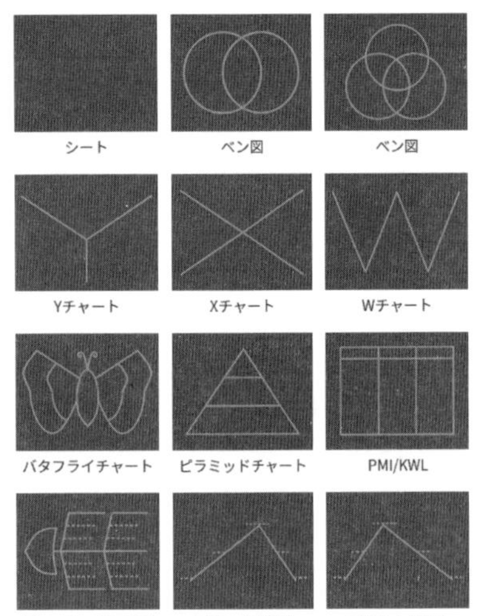

図 2.1　思考ツールの一例
(ロイロノート・スクールを使用)

多様な考えを出したり，論理的に考えをまとめたりする学習課題に，抵抗を感じる学習者は多い。グループの話し合いで考えをまとめるのはさらに難易度が高まる。そこで思考の経過を可視化して，整理したり，広げたりする際に活用できるのが**思考ツール**（**シンキングツール**）である（図 2.1)。「比較」「分類」「関連づけ」をする際に活用することができるが，ICT を使うことで考えをつけ足すことが容易になり，思考ツールの形や色，大きさを変えて調整するなど，利便性がさらに高まる。活用する際のポイントは以下の 2 点である。

- アイディアや考えを広げる発散的思考（拡げる）に活用できるツール：マインドマップ，ウェビング，くま手チャート，など。
- 多くの情報を整理，分析する収束的思考（絞り込む）に活用できるツール：ピラミッドチャート，データチャート，サークルマップ，など。

協同学習において，プロセスを視覚的にグループで共有することで，メンバーの積極的参加を促すことができる。その際に，どのような目的で思考ツールを活用するかが重要であり，グループ内で情報が出揃っていないまま，考えを収束させるような思考ツールを使うと話が停滞することも多い。思考ツールを導入する際は，目的や意図を児童と十分共有したうえで，教師が活用を促していくことが必要である。また発展的に，いくつかの思考ツールの中から目的に合わせて，自分たちで適切なツールを選択することができるよう，展開していくことが求められる。

2. 個々の考えを共有し，相互交流を促すツール

個々の児童生徒の考えや意見を共有するために有効なツールが，**ロイロノート・スクール**[*1] である。

＊1　ロイロノート・スクール
https://n.loilo.tv/ja/

私はチェスター先生と話すために今質問を考えています。 I am thinking of a question now to talk to Mr Chester. 2020年12月24日 11:40	I practice soccer to be good player every day. 2020年12月24日 11:41	Luffy go to wanokuni to be strong. ルフィーは強くなるためにワノ国に行きました 2020年12月24日 11:41	スポンジボブはパトリックに会うためにおしゃれをしました。 Sponge Bob is fashionable to meet Patrick. 私は友だちに会うために早起きをしました。 friend.
私は背が高くなるためにご飯をいっぱい食べます I eat a lot to be tall. 私は野球がうまくなるために練習をします。 I practice to baseball well. 2020年12月24日 11:49	Minions work every day to eat banana. ミニオン達はバナナを食べるために毎日働きます。 Mickey gives happiness to make everyone smile. ミッキーはみんなを笑顔にするために幸せを与えます。 1/2		ミッキーはみんなを幸せにするために踊ります。 Mickey dances to make everyone happy. 私は上手くなるために練習します。 I practice to get better. 2020年12月24日 11:51
私はサッカー選手なるために毎日サッカーをします。 I play soccer every day to be soccer player. 1月7日 15:26	僕は食べ物を食べに行くために大阪へ行きます。 I went to Osaka to eat a food. 1月15日 11:23	The gorilla ate a lot of bananas to be fine. そのゴリラは元気になるために沢山のバナナを食べました。 1月15日 11:25	横浜ベイスターズは優勝するために監督が変わった Yokohama Baystars changed director to win. 1月15日 11:25

図 2.2　個々の考えが一覧となってみられる回答共有の一例（ロイロノート・スクール使用）

ロイロノート・スクールとは，タブレット，スマートフォン，PC などデバイスフリーで利用できる授業支援システムである。オンライン環境があればどこでも利用でき，児童同士の回答を共有することで，「みんなで学び合う」学習環境をつくることができる（図 2.2）。協同的な学びに意見を共有できるシステムを活用することで，ペアやグループでの共有がスムーズにできるだけでなく，他のグループの考えを学級全体で確認することができるといったよさがある（図 2.3）。

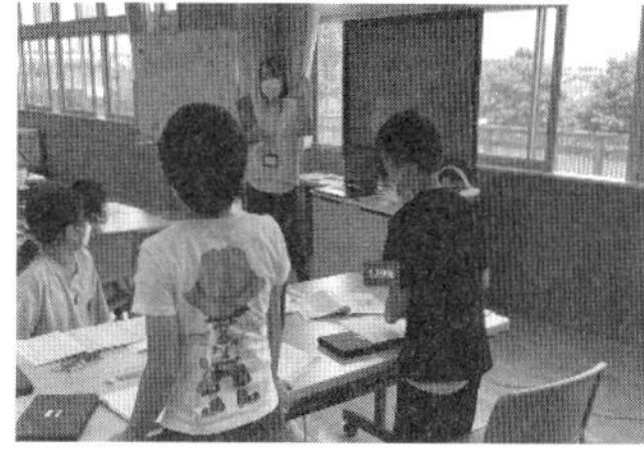

図 2.3　全体の画面でグループの考えを共有している様子

授業では，例えば国語の「ごんぎつね」の物語の中で，「ごんは兵十に撃たれて悲しかった気持ち，嬉しかった気持ちのどちらだろうか自分の考えをまとめよう」といった課題が出される。課題に対して，児童は自分の考えをタブレットに入力する。入力された考えを基に，嬉しい派と悲しい派のいくつかの意見を全体で共有する。その後，グループで話し合いを行い，話し合った意見をまとめるといった活動を行う。

協同学習の大事なポイントは，自分の意見を持たせてから話し合いに参加させることである。ただグループの意見を聞くだけでは，同調的な話し合いに終始したり，発言が偏って依存的な話し合いになるからである。また，発言が偏る場合には，グループで役割（司会・発表・記録・タイムキーパー など）を決めたり，セリフや流れを明確にするなど，安心して活動できる工夫が必要である。話し合いの最後には，学習の振り返りと併せて話し合いの振り返りをすることも重要である。「一番話をしてくれたのは誰でしたか」「一番意見を聞いてくれた人は誰でしたか」など，お互いに承認し合うことで，次の協同活動の動機づけになるのである。振り返りをタブレットで入力させ，次時の協同活動の前に発表したり，共有させることで，協同活動を活性化させることができる。　　　　　［井口武俊］

【発展問題】

・図 2.1 に示されている思考ツールについて，それぞれ具体的にどのように使用されるものか，その特徴を調べてみよう。

【推薦文献】

・**奈須正裕（著）『個別最適な学びと協働的な学び』東洋館出版社，2021 年**

山形県天童市の小学校の実践を通して，個別最適な学びと協働的な学びを一体的に充実させるにはどうしたらよいのか，その歴史的，理論的背景だけでなく，実践的なヒントが多く示されている。ICT 活用についても触れている。

・**石井順治（著）『続・「対話的学び」をつくる　聴き合いと ICT の往還が生む豊かな授業』ぎょうせい，2021 年**

対話的な学びとは何かを，実践事例を交えながらわかりやすく示している書籍である。ICT を活用した対話的な学びの事例についても掲載されている。

・**R. K. ソーヤー（編），大島純・森敏昭・秋田喜代美・白水始（監訳），望月俊男・益川弘如（編訳）『学習科学ハンドブック第 2 巻―効果的な学びを促進する実践／共に学ぶ』北大路書房，2016 年**

学習科学の観点から，よりよい学びのための実践方法について知見をまとめた書籍である。ICT に関しては，ビデオゲームが学習にどのような効果をもたらすのか，CSCL（Computer Supported Collaborative Learning）の可能性，モバイルラーニング，バーチャルにおける学びといった内容が記されている。

教科等に応じたICT活用

本章では，小学校での各教科等に応じたICT活用の方法について述べる。前章の個に応じた学びと協働的な学びの観点も踏まえながら理解を深めてほしい。ICTは使えばよいというものではない。各教科等の学びの特性に応じた，また学習のねらいに応じた効果的な活用が望まれる。

3.1 国語

学習指導要領解説[*1]第４章２「情報機器の活用に関する事項」には，国語科の学習においても，情報収集や情報発信の手段として，インターネットや電子辞書等の活用，コンピュータによる発表資料の作成やプロジェクターによる資料提示などにおいて，ICT を活用していくことの重要性が示されている。学習指導要領の主旨を踏まえ，主体的・対話的で深い学びの実現に向けた授業改善に取り組んでいく必要がある。

＊1　文部科学省（2017a）「小学校学習指導要領（平成 29 年告示）解説　国語編」

1. ICT を活用した具体的な場面

(1) 学習の見通しをもたせ，興味・関心を高める場面

各自の目的に応じてモデルとなるスピーチの動画を視聴し，学習の見通しをもったり，写真や映像を豊富に収録しているデジタル教科書を活用して，教材への興味・関心を高めたりする場面で活用できる。

(2) 情報を収集・整理し，集めた情報を活用して自分の考えを形成する場面

学習課題に関連する情報をインターネットなどで検索する。集めた材料をプレゼンテーションソフト上で，相手や目的，意図に応じて整理したり，情報を選択したりし，自分の伝えたいことがより明確に伝わるように工夫する。また，調べた情報を比較，分類したり，それらを既有の知識や理解した内容と結び付けたりして自分の考えを形成する場面で活用できる。

(3) 考えたことを表現する場面

自分が感じたことや考えたことを表現する際に，プレゼンテーションソフトを活用して，各自のテーマに即した発表資料を作成する。文章作成ソフトを活用することで，推敲した文章を清書する際，児童に過重な負担をかけることなく，文章を修正したり入れ替えたりすることなども可能となる。また，カメラ付きの端末を使って録画，保存したスピーチや話し合いの動画を，各自で再生しながら話し方などを確認する場面で活用できる。

(4) 学びを共有する場面

児童が作成した文章やプレゼンテーション資料を大型提示装置で映し出し，互いの意見や感想を確認し合ったり，特定の意見を拡大表示したりして，情報を共有する場面で活用できる。その際，デジタル教科書の全文掲示機能を併用することで，児童の意見などが教科書のどの文に着目したものであるかを容易に確認することができる。また，児童が教科書のどの文章を根拠にしているかを一覧にして大型提示装置で拡大表示することで，他の児童の意見や感想を比較し，ペアやクラス全体での交流の活性化へとつなげることも可能となる。

(5) 学習の内容を蓄積したり振り返ったりする場面

話し合いの様子を撮影した動画を再生し，話題に沿った話し合いができているか，司会者，提案者など，それぞれの役割を理解して話し合っているかなどのポイントを確認し，互いに助言し合う場面で活用できる。また，自分や他の児童のスピーチの様子を録画したり再生したりすることを通して，自分の表現の工夫を具体的に見直すこともできる。動画に限らず，ワークシートやプレゼンテーション資料などの学習の成果物を共有フォルダに蓄積することで，友達の考えを参考にして自身の考えを広げたり，自身の学習を振り返って，自らの学びを深めることも可能である。

2. ICT活用のポイント

学習指導要領総則には，多様な学習者の実態に対応するために「声を出した発表が困難な場合や，人前で話すことが不安な場合には，紙などに書いたものを提示したり，ICT機器を活用して発表したりする」ことが学習場面の具体例として示されている。

考えの表出をする際，書くことに困難のある子どもに対しては，タブレット端末へのキーボード入力，フリック入力，音声入力などの代替方法を提示することが考えられる*2。キーボード入力が難しい子どもや低学年の場合は，ノートやワークシートを撮影させ，ロイロノート・スクールなどの授業支援ソフトを活用し，クラウド上に提出させることで，個に応じた指導と学習の効率化を図ることもできる。また，発表に苦手意識をもつ子どもにとっても，思考の外化の際にICTを活用することで，発表への効力感を向上させるといった事例が報告されている。操作に慣れるまで時間がかかることが想定されるが，こうしたICTを活用した授業展開の工夫によって，思考と対話の時間を増やすことが可能となる。

*2　一般的に広く使用されているアプリとしては，「Good Notes 5」(Time Base Technology Limited) があげられる。本アプリは，写真や取り込んだPDF画像に直接文字を書き込んだり，イラストを描いたりしながらタブレット端末上で自作ノートを作成することが可能である。

3. 新たな学びに向けて

子どもの特性に応じた使用が可能であるとして注目されているのが，**学習者用デジタル教科書**である。画面上に表示される教科書の本文や図表に自由に自分の考えや意見を書き込んだり，デジタル教材の映像や音声，資料を繰り返し見たり聞いたりすることができる*3。自分の考えや気づいたことを教科書紙面上に視覚化できるため，友達にわかりやすく伝え，共有することができる。結果，対話や議論が生まれやすくなり，さらに自分の意見や活動が修正され，「主体的・対話的で深い学び」へとつながる可能性が広がる。学習者用デジタル教科書の整備率は，6.3%（2021年3月現在）であるが，1時間あたりの使用が「授業時数の2分の1未満」とされていた規準が2021年に撤廃されたことからも，今後の活用が加速していくことが予想される。

［齊藤　勝］

*3　配慮を要する子どもたちへの支援として，画面の背景色や文字フォント，行間などに関してもカスタマイズすることができる。

3.2 社 会

*1 文部科学省（2017b）「小学校学習指導要領（平成 29 年告示）解説 社会編」

*2 事実的知識を関連付けて大きな概念とした汎用的な知識のことである。

*3 ここで言われているのは「社会的な見方・考え方」であり，社会的事象を，位置や空間的な広がり，時期や時間の経過，事象や人々の相互関係などに着目して捉え，比較・分類したり総合したり，地域の人々や国民の生活と関連付けたりすることによって，社会に見られる課題を把握して，その解決に向けて構想したりする際の「視点や方法」のことである。
参考：*1 の学習指導要領解説社会編

社会科の目標は「社会認識を通して公民としての資質・能力の基礎を養うこと」[*1] である。子どもが「社会」についての問いを持ち，その解決過程でさまざまな事実を知り，関わる人々の思いを通して「社会」を学ぶことが重要となる。そのために必要なものが社会事象を表す資料である。さまざまな資料によって社会事象と出会い，問いをもち，資料を通して解決する過程で，概念的知識[*2] を習得し，「社会」を価値づけ・判断していくことが主な学習の流れであり，そのためには社会科における「見方・考え方」[*3] を身につけることが必要となる。本節では筆者の授業実践を紹介しよう。

1. 子どもと社会事象の出会いと読み取り

*4 NHK for school
https://www.nhk.or.jp/school/
（8.2 *5 を参照）

*5 国土地理院 地理院地図
年代が違う地図（航空写真）を並べて比較する機能を活用し，同じ場所の変化を捉えることができる資料を使用した。
https://www.gsi.go.jp/

社会科の学習の中心にある資料とは写真や絵，動画，統計データ，図表，地図，見学・取材，体験など多岐にわたるものである。教科書では必要な資料が精選されているが，紙面の関係で活用や種類に限界がある。ICT ならば，配付の容易さや操作性，情報共有の多様性から資料の選択肢が広がる。例えば，第 5 学年「現代社会の仕組みや働きと人々の生活」の学習では，農業や工業，情報産業といった産業学習を行う。これらの産業は子どもから遠くにあり，働く姿を捉えがたく，実感をもって学ぶことが難しい。そのため，働いている様子を知ることができる動画資料はとても有効である。そこで動画配信サイト[*4] の URL を個人端末に配布することにより，子どもが繰り返し動画を視聴することで，必要な情報を読み取ることができるようにした。また，「稲作が盛んな地域」の学習では，新潟県魚沼市の耕地の変化を捉える地図資料（図 3.1）[*5] を活用した。印刷と比べ，カラーで精細な資料を自由に拡大し細部まで読み取ることができる。「時間の経過」に着目し，耕地の変化を読み取ることで，「田んぼの形を変える必要があったのか」というと問いが起こり，実際に稲作に携わる人々の努力と工夫を調べることへの必然性が生まれる。子どもが必然性をもちながら主体的に「見方・考え方」を働かせ，その背景にある人々の努力や工夫について理解し，問いの解決を図ることへとつながる。

図 3.1 魚沼市の耕地の変化を表した航空写真

2. 子どもが考えを発信&交流する

第5学年の工業学習では自動車会社のオンライン工場見学[*6]を活用した。調べた内容を個人端末[*7]で共有することで，効率的に企業の共通点と相違点を見つけ，「見方・考え方」を働かせながら，自動車産業にかける工夫や努力についての概念的知識の形成をすることができた。学習後も資料を見返し，授業中に出た疑問を解決しようと自主的に取り組む姿もみられた。概念的知識を形成するためには，「見方・考え方」を働かせながら，資料を根拠として考えをまとめ，表現したり，子ども同士が交流し合ったりすることから多面的に事実を捉え，解釈することが必要となる。画面や資料の共有が容易であることは子ども同士の交流の活発化を図ることへもつながる。

＊6　日産オンライン工場見学
https://www.nissan-global.com/JP/PLANT/KIDS/ONLINE/

トヨタ工場見学・オンライン授業
https://www.toyota.co.jp/jp/about_toyota/facility/toyota_kaikan/factory/online.html

マツダキッズチャンネル・クルマができるまで
https://www.mazda.com/ja/about/kids/process/

3. 社会的な見方・考え方の形成

ICT活用は単元末のまとめ活動においても有効である。従来であればワークシートなどにまとめる活動だが，タブレット端末やPCでは必要な資料を選択し，貼り付けることが簡単にできる。このワークシート（図3.2）は左側に単元の学びのまとめ，右側には根拠資料が添付されている。根拠資料は授業資料や教科書，資料集，ノートなどから子どもが自分で必要だと考えたものを選択する。自分の考えに根拠を持たせる資料を考え，学習で獲得した社会事象の概念化を促すとともに，自分の考えを補完し説明するための資料活用能力の伸長を図ることができ，「見方・考え方」の定着へとつながる。

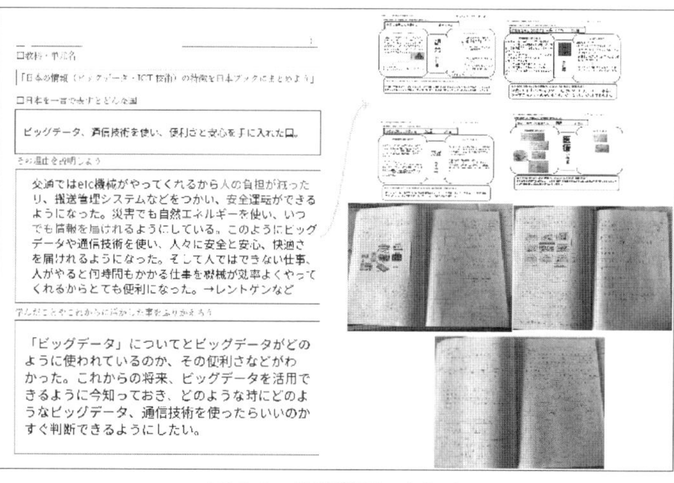

図3.2　情報単元のまとめ

＊7　事例校ではiPadを使用していた。資料の配付や交流には「ロイロノート・スクール」を活用している。（2.4を参照）

4. まとめ

社会科の学習では資料をどのように読み取らせるかということが重要である。ICTを活用することで教科書を使った学習よりも効果的に資料を活用できる。つまり，概念的知識の獲得，思考力・判断力の伸長を図ることに非常に有効であるといえる。しかし，個人端末にただ資料を配るだけでは効果的な資料活用とはならない。ICTだからこそできる資料とアナログな資料をハイブリットに組み合わせていくことが必要であり，教師は意図を持った資料の精査が必要である点には注意を払っていかなくてはいけない。

［古谷亨仁］

3.3 算　数

1. 図形指導（プログラミングソフトの活用）

多角形の指導の課題として，図形を正確に書くことの難しさがある。例えば，従来の方法では定規やコンパスを用いて正多角形を描くが，正三角形や正方形ならまだしも，正六角形，それ以上の正多角形になるに従い，正確に描くことの難易度があがり，描くことに時間がかかる，正確に描けないといった状況に陥りやすい。このような正多角形の指導には，**プログラミングソフト**を活用することが有効であるとされている。正多角形の指導のねらいは，図形の構成要素およびその関係に着目できることであり，正確に描けることではない。正確に描けないことにより構成要素に着目しにくくなることや，描くことに時間をとられ考察する時間が制限されることは，本来のねらいを妨げることになるだろう。プログラミングソフトを活用することは，これらの問題を軽減する。その一方で，描けたことに満足してしまう，プログラムを用いて図形を描くことそのものがねらいとならないよう注意する必要がある。そのためには，事前にプログラミングソフトの操作に慣れておくことや，使用するプログラムと描かれた図形の関係を理解できるような指導の工夫が必要である。

2. データの活用（統計ソフトの活用）

テータを活用し，統計的な問題解決を学ぶうえで，ICT は大きな役割を果たすかもしれない。これまで手書きで表やグラフを作成する場合，作成そのものに時間がとられ，児童が十分に思考する時間がとりにくいことや，多量のデータを扱うことが難しいといった問題があった。**統計ソフト**を活用することにより，これらの問題は改善すると考えられる。統計ソフト自体の使い方を学ぶ時間を設ける必要はあるが，その基盤を作っておけば，グラフ作成にかける時間は大幅に短縮でき，さまざまな種類のグラフを作成し，グラフを比較するといった試行錯誤に時間を多く割くことが可能となる。さまざまなグラフを簡単に作成できることが統計ソフトを使う利点であるが，一方で，作られた多様なグラフの違いを十分に児童に意識させることが重要となる。簡単に作成できてしまうからこそ，なんとなくできたで終わらせないよう，その違いを理解できるような指導を行う必要があるだろう。

3. デジタルドリル

日本の子どもの算数の学力は総じて高いとされるが，それでも算数は学力差が生まれやすい教科といわれており，算数が苦手な児童にとって一斉指導の中では授業についていくことが難しい場合がある。そのため，小学校高学年で習熟度別少人数指導を取り入れている学校もあるが，習熟度に分けることがこの問題の根本的な解決になるわけではない。算数は積み上げる教科といわれる。したがって，算数が苦手な児童は，前の単元や学年で学んだことに戻って積み上げ直す必要があるかもしれない。習熟度に分けたからといって，以前の学習内容への理解が不十分であれば，授業についていくことができない状況は変わらない可能性もある。当然，教材や授業の方法を工夫し，皆が取り残されることなく授業に臨むことができるような指導の工夫が必要なことは言うまでもない。しかしながら，次のような知識獲得の場合，**デジタルドリル**は一定の効果があるかもしれない。

元来，計算の習熟を目的とし反復練習を行うようなドリル学習がよく行われてきたが，それは主に手続き的知識の獲得（計算の手続きがわかり，計算を速く正確にできるようになること）を目的としていた。デジタルドリルも主として計算などの手続き的知識を獲得するためのツールと捉えるのがよいだろう。このようなドリル学習は，手続き的知識の獲得には一定の効果があるものの，意味理解を保障するものではない。また，過度なドリル学習は深い学びに向かう適応的熟達化[*1]を阻害する可能性があるとされている（松下，2004）。一方で，デジタルドリルには，学年や単元を問わず自分の能力に合った問題に取り組むことができること，学習履歴が閲覧できることにより自分の学びが可視化されること，レコメンド機能[*2]により復習がより有効なものになること，正誤に応じて音が鳴るなどのゲーミフィケーション機能により動機づけが高まることなどが利点として挙げられている。また，デジタルドリルによりつまずきが可視化されることは，教師が児童の状況を把握し適切な指導を行うことを可能にする。ただし，学習者自身が自分でつまずいた箇所を把握し，自律的な学びに向かう機会を阻害する可能性も指摘されている（西岡ら，2022）。

＊1　適応的熟達化
学習した手続き（技能）を柔軟に応用できるようになることを指す。

＊2　レコメンド機能
学習した問題の正誤に応じて，次に取り組むべき問題を自動で編成するといった機能。

4. 算数におけるICT活用の留意点

算数の指導において，半具体物や具体物の操作が重要であることは強調するまでもない。実際に長さを測ったり，回転させたりと，具体物・半具体物を操作しながら考えることと画面を通して操作することは同質な学びといえるのだろうか。デジタルデバイス，特にタブレットやノートパソコンを使った学びでは，視覚から情報を得ることが基本となる。しかし，具体物を使った操作では，触覚や聴覚など他の五感も使用する。具体物の操作とデジタルデバイスの操作では，同じ学びになるとは限らないことに十分留意し，デジタルデバイスと具体物をそれぞれ適切に使用することが求められる。

［末松加奈］

3.4 理　科

理科において，実験や観察といった直接体験が基本であることは言うまでもない。一方で，単元によっては直接体験が難しいものや，環境が整っていない場合もあるだろう。そのような場合は，ICT を活用することによって児童の学びが広がる可能性がある。単なる実験や観察の代替としてデジタル教材を用いるのではなく，ICT によって学びが深まるような活用が望まれる。また，実験や観察におけるさまざまな問題を解消するための一つの手段として，ICT を活用することもできる。問題が解消されることにより，実験や観察を通した学びがより質の高いものとなる。

1. 教材として活用する

理科では，昔から映像などの**デジタル教材**が広く活用されてきた。その主な目的は，直接観察が難しい現象を見せることや抽象的な事象をイメージさせること，現象の仕組みを見せることである。例えば，第４学年の「月と星」の単元では，月の形の変化，星の明るさや色の違い，月や星の位置の変化と時間経過の関係について理解を深めるが，月や星を直接観察しようとした場合，学校で観察することは難しい。必然的に観察は家庭学習となるが，住居周辺の環境（建物に阻まれるなど）により観察が難しい場合もある。また，空が明るければ，星の明るさや色の違いまでを捉えることは難しい。このような直接観察が難しいような学習内容の場合に，デジタル教材が活用されてきた。

写真，動画コンテンツ（ビデオ，DVD，ネット上の動画など）といった従来多く活用されてきたデジタル教材は，テレビやプロジェクターに映した映像を子どもたちが視聴するという，情報の流れが一方向的なものであった。一方で，近年では **VR（バーチャルリアリティ）**技術を用いた教材の開発も進んでおり（竹下ら，2020；土手ら，2021 ほか），学習者が仮想空間の中で能動的に行動し，あたかもその場にいるかのような疑似的な体験ができる。このような疑似体験では，情報は VR コンテンツと学習者の間で双方向的にやり取りされ，従来の一方向の情報伝達とは異なる学びが期待される。

2. 測定に用いる

データロガーとは，センサを用いてさまざまな科学的な変化を測定し，リアルタイムにデータ化することができる装置である。従来は，例えば，水の状態変化であれば温度計で温度変化を測定し，光合成であれば検知管式気体濃度測定器で光合成前後の酸素や二酸化炭素の濃度を測定していた。

これらの従来の実験では，誤差が大きかったり，反応過程の状態がわからなかったりと，児童が納得感を得られないような状況になってしまうこともあった。データロガーはこれらの問題を解決する方法の一つとして，注目されている（平山ら，2014ほか）。光合成のように，これまでは計測された数値の変化でしか捉えることのできなかった現象も，リアルタイムにグラフ化されることによって，視覚的に理解しやすくなる。データロガーの記録をそのままパソコンやタブレット端末に取り込めば，各班の結果を比較することも容易となる。これらの大きな利点があるものの，一方で，グラフを書くために試行錯誤することにより現象への理解を深めようとするならば，グラフ化は自動で行わないなど，ねらいに応じた工夫が必要である。

3. 観察に活用する

タブレット端末のさまざまな機能は，観察に大きな変化をもたらす。例えば，**タイムラプス**[*1]を用いれば，ゆっくり変化する発芽の様子も短い時間で見ることができる。これまで発芽のような変化が長時間に及ぶ事象に関しては，現実的に観察を行うことは難しく，また動画を撮影した場合には容量が大きくなるという問題があった。結果として，これまでは発芽の様子を見せたい場合は，動画コンテンツに頼ることが多かった。しかし，タブレット端末やデジタルカメラにタイムラプス機能が搭載されたことにより，児童が実際に育てている植物の発芽の様子を観察できるようになった。発芽の様子自体は動画コンテンツで見せることもできるが，やはり自分が育てた植物を観察できる意味は大きいだろう。その他にも，瞬間的に変化する事象に対しては，**ハイスピード撮影**[*2]の機能を使用するのがよい。第５学年の振り子の運動の単元では，振り子が１往復する時間を調べるが，ハイスピード撮影を使用することにより，振り子が１往復する間の動きを知ることができる。他にも，第５学年の流れる水の働きでも，水の流れをハイスピード撮影することにより，水の流れの挙動をより詳細に確認することができる。事象の結果だけでなく，その過程を詳細に確認することにより，事象へのより深い理解が期待される。

＊1　タイムラプス
一定時間ずつ撮影した静止画をつなぎ合わせ動画にしたもの。動画で撮影すると長時間になる事象を，短い時間で見せることができる。一見すると，早送りした動画のように見える。

＊2　ハイスピード撮影
１秒当たりの撮影コマ数を通常より多くし，滑らかなスローモーション動画を得るもの。

最近では，カメラを搭載した顕微鏡もある。顕微鏡で見たものを写真に撮ることにより，結果を学級全体で共有しやすくなるだろう。また，水中の小さな生物の観察では，動く生物を撮ることにより，観察しやすくなるかもしれない。高額な顕微鏡を新たに購入することが難しい場合は，もともと学校にある顕微鏡の接眼レンズに顕微鏡撮影用アタッチメントを装着したタブレット端末のカメラをつけるという方法で撮影が可能となる。写真だけでなく，動く生物では動画の撮影も可能になり，より観察がしやすくなるだろう。観察記録を簡単に保存できるため，自分や他者が撮影した写真や動画を比較することで，より深い理解も期待される。　［末松加奈］

3.5 生　活

生活科では，「児童の生活圏を学習の対象や場にして，直接体験を重視した学習活動を展開する」とされている（文部科学省，2017e）。生活科におけるICT活用は，直接体験を重視するという生活科の特質をよく理解し，活用する必要がある。

1. 記録する

試行錯誤し繰り返すことは生活科の中で重要な活動とされている。栽培であれば，植物を育てる中で試行錯誤や繰り返すことによって，さまざまな気づきを得ることが大切である。ものづくりでは，試行錯誤しながら工夫したり，何度も試してみることが大切である。これらの活動は，ただ育てる，作ればよいというわけではなく，その過程を記録し，それを振り返り，自覚することにより深い学びとなる。

デジタルデバイスは，その中に写真，動画，テキストといったさまざまな情報を保存し，容易に取り出すことが可能である。1人1台の端末があれば，自分の記録を保存しておくだけでなく，他者の記録を閲覧し，自分と比較し学びを深めることも可能だろう。さらに，時間的な経過を整理することや，全体を俯瞰することもデジタルデバイスは容易にする。写真や動画などは撮影した時間と場所を記録することが可能であり，自動的に時系列に並べることができる。また，活動ごとにフォルダ分けをし，整理しておけば，一覧表示にして各活動全体を俯瞰することも容易である。このように，デジタルデバイスは単に記録しやすいというだけでなく，記録を振り返る際に，さまざまな角度からの振り返りを可能とする。

2. 表現する

生活科では言葉などで表現し振り返ることによって，自分の中で気づきを明確にし，他者と気づきを共有し，関連づけることが求められている。そのため，表現活動は生活科における重要な要素とされる。そこには，自分の体験を自分の言葉で表現することだけでなく，他者との協働により表現することも含まれる。

表現の仕方は，言葉，絵，動作，劇化などの多様な表現方法が考えられるが，これらの表現にはさまざまなデジタルデバイスの活用が可能である。例えば，学校探検の記録を動画や写真などで保存しておき，後日その動画や写真から学校紹介動画を協働で作成し，幼稚園児との交流で流すといったこともできるだろう。町探検では，書き込みや写真の張り付けが可能な地図アプリを活用し，撮影した写真やインタビュー動画を貼り付けたり，気づいたことのコメントを書き込み，町紹介マップを作成するのもいいだろう。デジタルデバイスやアプリの活用が進めば，どの表現にどんな機能やアプリを活用するのが効果的なのかということも，児童自身が選択できるようになり，より表現の幅も広がることが想定される。例えば，動きを見せるには動画が適しており，アプリを使えば写真を合成したり，効果音や言葉を挿入したりと，ただ動画を流すだけではないさまざまな表現が可能となることに気がつくかもしれない。

発表では，児童の手元にある沢山の写真や動画といった記録をどう組み合わせ表現するのか，そこにどのようにデジタルデバイスを活用するのかを自由に考えさせるのもよいだろう。班ごとに異なる活用の姿が見えるかもしれない。例えば，ある班はすべて発表をスライドにまとめるかもしれない。別の班では，写真を印刷して手書きのポスターを作成するかもしれない。それぞれの表現には，何かしら児童がその方法を選択した理由があるはずである。それを自覚させながら活動を行うことが大切だ。そのほかの留意点としては，ただ面白く目新しいものを使いたいからさまざまな機能を使うのではなく，自分自身そして他者に向けてより伝わりやすいものとなっているのか，そのために効果的にICTを活用できているのかという視点を児童に伝える必要があるだろう。

3. 気持ちを伝える

町探検では，実際に探検に行くだけではなく，オンラインでつながることも可能だろう。限られた時間の中で行う町探検では，児童が希望する場所すべてに訪問することはできないかもしれない。オンラインでつながる利点の一つは，距離や時間という制約を飛び越えられることにある。したがって，少し距離が離れていて時間内に回ることが難しい，先方と都合が合わないなど，さまざまな理由で町探検の際に訪問することが難しいような場合も，オンラインで双方向につながることであれば可能な場合がある。後日に，お礼の気持ちを伝えるときに活用してもよい。先方もオンラインでつながることが可能な設備をもっていることを確認のうえ，対面と同様に事前の準備をしっかり行って臨みたい。事後のお礼に関しては，ビデオメッセージのやり取りもよいだろう。双方向と違い，児童が納得できる形になるまで取り直すことも可能だ。そのような何度も取り直して，工夫するという試行錯誤もまた学びの良い機会である。一方で，本節の冒頭に述べたように，生活科では直接体験が重要である。画面越しではなく，実際に訪問するということをまずは基本に考えたい。　[末松加奈]

3.6 音　楽

学習指導要領解説[*1]では，小学校音楽科のICTの活用について「児童が様々な感覚を働かせて音楽への理解を深めたり，主体的に学習に取り組んだりすることができるようにするため，コンピュータや教育機器を効果的に活用できるよう指導を工夫すること」とある。音楽科の授業は，音楽鑑賞，演奏表現の録音録画，加えてコンピュータ音楽の制作など，以前から視聴覚機器の活用とともに展開されてきた。とりわけコロナ禍においては遠隔での実技指導や教材のオンデマンド配信をはじめ，リモート合唱・合奏などの流行もあり，ICT活用の多様な授業内容・方法への関心が急速に高まった。

＊1　文部科学省（2017f）「小学校学習指導要領（平成29年告示）解説　音楽編」

1. 録音する・録音を聴く

よく「聴く」行為は，音楽表現の基礎基本である。歌唱，器楽，音楽づくりのいずれの活動においても，自らの表現を録音して聴く行為は，表現の正確さと豊かさにつながる。例えばグレン・グールドがレコーディングを繰り返してベストテイクを目指したように，児童もまた，自分たちの演奏を何度も聴き直し表現の工夫を行う。そのプロセスにおいて，思い描く音楽を表現するために必要な技能を獲得し，曲想と音楽の構造などとの関わりを理解し，音楽表現を工夫することが身についていく。また，文字だけでなく，音や映像をポートフォリオに残すことも可能である。さらに，教師などの模範演奏録画を繰り返し試聴したり，指遣いの細部を確認したりするなど，教室外学習の充実も図られる。

2. 音を見る－演奏表現の可視化

音楽表現技術の獲得には，自分が演奏している音程やリズムの正確さを客観的に知覚する必要がある。自分が発声する声は目には見えない存在であるが，例えば**サウンドスペクトログラム**を用いると，色分けされた音声の周波数成分の時間変化を確認することができる。自分の演奏と模範演奏のデータを比較し，表現の工夫を考えることも可能である。歌唱では，音高を視覚的に示すだけでなく，身体感覚を通して表現する**ハンドサイン**が古くから用いられてきたが，音程バーなどのアプリによって，自分の表現している音程のズレをリアルタイムで視覚的に確認できるようになり，どのように音程を修正すればよいかがわかりやすくなった。

3. 楽器演奏アプリの使用

楽器の音色は魅力的であり，華麗な演奏には誰もが憧れる。手にとって演奏したいものの，多様な楽器を揃えることも，児童数に十分な楽器を準備することも難しいのが現実であるが，楽器演奏アプリを活用することで，児童の好奇心や憧れを満たすとともに，タブレットを用いて演奏の練習を行うことが可能になった。しかしながら，演奏は聴覚，視覚，触覚に加え，呼吸や動作などの身体性をもって表現され味わうものである。したがって，児童の体験がVR（仮想現実）に終わらぬよう実体験を大切にしたい。

4. 音楽づくり

創作用ソフトを使用することにより，記譜の知識や演奏の技能がなくても，児童は，自分の思いや意図を音楽に表現することが容易にできるようになった。メロディーを思い描き，多様な音色やリズム音を重ねることに試行錯誤しながらも，オリジナルの楽曲を創作できる喜びは大きい。さらに，屋外に出て自然や生活の音を録音し，楽曲に入れ込むことも可能である。こうしたプロセスでは音響処理技術の獲得に加え，創作した音楽を視覚的に確認することができるので，記譜の知識が自然に身についていくことも期待できる。児童が主体的に音楽活動を楽しむ中で，教師が「音楽を特徴付けている要素や音楽の仕組み」についての適切な助言を行うことにより，児童は音楽的な見方・考え方を身につけていくことができる。

5. 鑑　賞

ともすれば受動的になりがちな音楽鑑賞の授業も，例えばイヤフォンスプリッター[*2]を使用して小グループで音楽を共有しながら対話的に鑑賞を行うことができる。また，一人ひとりがタブレットを用いることで，聴きたい箇所を抽出して繰り返し詳細に聴取したり，さまざまな演奏を聴き比べたりするなど，個別最適な学びも保障される。さらに，地域のお祭りや伝統芸能を取材して紹介動画を制作したり，音声動画のQRコードを掲載した広報ポスターを作成したりするなど，地域につながる活動をすることも興味深い経験になるだろう。国内外の学校とオンラインでつながり，相互に音楽を紹介し合うことで知識を広げるといった異文化理解・国際交流も可能になった。

＊2　イヤフォンスプリッター　一つのデバイスから出る音を，複数のイヤフォンで同時に聞くことのできるアダプタの一種。

ICTの活用は，児童の音楽表現の可能性を急速に広げている。その一方で，隣の児童の息遣いを感じること，互いの声や音がピタリと合うこと，仲間の奏でる響きに包まれることなど，ICTでは味わいにくい感動や喜びが音楽には存在する。ICT技術と共存する中で，そうした価値を児童に伝えていくことが，Society 5.0における音楽科の役割でもあるだろう。

［吉永早苗］

3.7 図画工作

図画工作科の学習は,「つくる・みる・つたえ合う」などの活動を通して,生活や社会にある形や色と豊かに関わる造形的な見方・感じ方を育むことを目標にする[*1]。形や色を言葉のように遣い,感じたことや想像したことを表したり,表し方のよさや違いを話し合ったりする場面では,実際にものに触れる感覚や感性を働かせることが大切になる。同じように,視覚的な情報を基に発想して表す場面,表現や作品の意味や価値を伝え合う場面でも,適切に情報機器を活用して対話を深めることが望まれる[*2]。

*1　文部科学省(2017g)「小学校学習指導要領(平成29年告示)解説　図画工作編」第1章総説「2 図画工作科の改訂の趣旨及び要点(2) ①目標の改善」で,教科が求める資質・能力を明確にした。

*2　文部科学省は身体感覚を働かせる造形活動とICTを活用する活動を,学習のねらいに応じて教師が適切に運用することを推奨している。(文部科学省(2020)「小学校図画工作科の指導におけるICT活用について」)

1. 感じたこと・想像したことを表す場面におけるICTの活用

(1) 造形活動への関心を高める場面

題材の目標と内容を踏まえ,適した静止画や動画の資料を大型モニターやタブレット型PCなどで見ることは,材料や用具の特徴をより深く理解し,活動を見通すことに役立つ。直接触れるだけではわからない材料の生まれ方や意外な特徴を知ったり,用具の機能的な仕組みを視覚的に理解したりすることもできる。それらは活動への動機づけにもなるので,導入部分の要点を指導用に編集した**アニメーション**動画をデジタル教科書から視聴する場合もある。

(2) 発想や構想に生かす場面

親しみのあるものや場所,時間とともに移り変わる事象などを静止画や動画で撮影し,そこから表したいことを見つけることもできる。カメラの**フレーミング**によって切り取られた画像は,それまで気付かなかった形や色の美しさや面白さを発見したり,全く違うものに見えたりするように,新しい見方を呼び起こす機会を提供してくれることが多い。

例えば,見慣れた風景を撮影した画像をモニターの中で回転してみると顔に見えたり,背景にある他のものに関心が向いたりする場合もある。また,写った影が動いているような疑似的な感覚を味わうなど,モニター画像は多元的なイメージの捉え方を可能にする素材の宝庫となる。

(3) 自ら表し方を確認したり調整したりする場面

「表現」という内容領域の中でも,特に「造形遊び」の活動は自ら材料や場所に働きかけ,思いついたことを造形的に表すにはどのような活動ができるのか自分のイメージを手掛かりに考えていく。このように,さまざまな表し方を試して工夫する過程では,自分の表現をモニターで見ると,客観的に確認することができる。それがまた新しい表し方の工夫や感じ方を深めていく調整の機会となる。この途中表現の確認(**モニタリング**)と,次の造形行為の調整（**コントロール**）が，ただぼんやりとした印象を追いかける展開だけでなく，**造形的な見方・考え方**を整理して意味づけていく工夫を助けてくれる。例えば，よく伸びる布で表せることを体全体の感覚を使って試しながら考えるような表現活動では，チームの誰かがカメラ機能で表現を記録していく。その画像や動きを見ながら表現の可能性を探り，新しい工夫を試すことなどができる（図3.3）。

図3.3　活動のモニタリング
メンバーのひとりがチームの表現をカメラで撮り，よさを確かめる。

(4) 材料や場所の特徴を生かして表す場面

感じたこと想像したことを表す造形活動では，材料用具の特徴を生かして工夫する。が，時には製作した作品をさまざまな場所に置くことで物語を想像したり，好きな場所から感じたことをその場で即興的に表したりする場合もある。場所から思いついたことを絵や立体に表す活動，背景と作品を統合する屋外表現などでは，その折々の画像が作品となり，後にも臨場感をもって友達と伝え合うことができる（図3.4）。

図3.4　場所と響き合う表現
作品と場所の組み合わせを画像にして伝える。

他方で，コマ撮りしたデジタル画像をつなげてアニメーションをつくるといった表現も，今日ではコンピュータのプログラミングで簡単に製作できる。例えば，プログラム用テキストの代わりに視覚的なアイコンを並べる**ビジュアルプログラミング言語**[*3]を用いると，発想したイメージに動きを与えていくプログラムが構成できる。また，**プロジェクションマッピング**[*4]と呼ばれる技術では，デジタル化した造形素材に基礎的なプログラミングを施し，物体や空間に動きのある像を投影する表現もできる。クレヨンで描いた魚たちが，仮想空間の水族館の中を泳ぎ回るような事例もある。仮想現実という空間で展開する表現は，もはや平面か立体かといった枠組みを超える。また，針金を曲げたクランクや紙木を使っていた仕組み工作の動きも，プログラミングによって工夫できる。

*3　プログラム（ソースコード）にテキストを使わず，矩形や円を画面上で結ぶ様式の総称。キーボード入力がなく感覚的に操作できるのが特徴。

*4　プロジェクターを使い，コンピュータグラフィックスを立体物や空間に張り合わせるように投影する技術。

2. よさや違いに気づき，自分の見方を深める場面におけるICTの活用

自分の表現過程を画像に撮り，**デジタルポートフォリオ**[*5]として整理しておくと，自ら造形活動を振り返る自己評価の際に，変化を視覚的に参照でき説明もしやすい。また，自他の作品のよさや違いを認め合う相互評価や鑑賞の場面でも，**電子黒板**や**大型モニター**[*6]の中で比較したり拡大したりして観点を共有し，多面的な見方を深める対話を促す。

他方で，一般の美術館がサイト内で構築した**VR美術館**[*7]では，オンラインで作品を自由に観覧できる。原寸大の作品を鑑賞する疑似体験も可能だが，現実では難しい視点から鑑賞できたり，教育プログラムとして充実したコンテンツを選択して造形文化の魅力を味わったりすることができる。この技術や**360度カメラ**で児童作品を撮影したデータを活用し，**バーチャルギャラリー**としてオンライン展覧会を開催する事例もある。

［立川泰史］

*5　活動の経過をコメントや画像で，振り返れるようにしたもの。

*6　電子黒板や100インチクラスの大型TVモニターに，活動経過や作品画像をリアルタイムで共有したい場合，タブレット型PCから画像をWi-Fiで送りながら放映できる。

*7　視界の360度を覆う「VR（Virtual Reality: 仮想現実）ヘッドセット」を装着し，コントローラーによって自分の動きを高解像度の仮想空間に反映させると，実際に美術館内を歩くような感覚で鑑賞体験ができる。

3.8 家庭

学習指導要領に記されている家庭科の目標は，「生活の営みに係る見方・考え方を働かせ，衣食住などに関する実践的・体験的な活動を通して，生活をよりよくしようと工夫する資質・能力を次のとおり育成することを目指す」である。つまり，家庭科にICTを取り入れる場合も，調理，製作などの実習や観察，調査，実験といった実感を伴う学習を意識する必要がある。解説*1 では，家庭科の学習過程を，①日常生活の中から問題を見いだして課題を設定，②さまざまな解決方法を考える，③課題解決に向けた実践活動，④実践を評価・改善し，考えたことを表現する，としている。本節では，この学習過程に沿ってICT活用について述べる*2。

*1　文部科学省（2017h）「小学校学習指導要領（平成29年告示）解説　家庭編」

*2　具体的な実践事例については，伊藤・石橋（2022）や文部科学省（2020）「家庭，技術・家庭（家庭分野）の指導におけるICTの活用について」に写真を交えながら紹介されているので参考にしてほしい。

1. 日常生活の中から問題を見いだして課題を設定

日常生活の中から問題を見いだす際には，問題のある場面を画像や動画で伝えるとわかりやすい。多くの問題が潜む場面を画像で示し，気づいた問題を画像上に付箋で記し，それを学級全体で共有すれば，浮かびあがった問題を視覚的にも見やすく，俯瞰して捉えることができる。自分自身の生活の中から問題を発見するのもよい。発見した問題について，改善前の写真と解決後の姿を写真に撮って比較すれば，どれだけ改善したか目で見て確認することができ，自分事としてより問題を捉えられるようになるだろう。例えば，整理・整頓ができている場所，できていない場所を探して，写真に撮ってくるという課題を出す。各自が撮ってきた写真をグループで比較し，共通点や相違点を確認しながら，整理・整頓の工夫や仕方について確認をしよう。共通点や相違点を関連づけながら考えることによって，より理解が深まるだろう。

2. さまざまな解決方法を考える

食生活では，調理計画について理解することが求められる。調理計画では，「手際よく調理を進めるために，調理するものによって必要な材料や調理器具，調理の手順を考え，準備から後片付けまでを見通して時間配分をすることなどが必要であることを理解できる」ようにする。例えば，付箋アプリを使用し，付箋に手順を記しながら，並び替えてみよう。個人で検討した手順をグループや学級で共有し，どのような手順が良いのか考え，調理計画についての理解を深めるとよい。

献立作成では，写真を活用して，「主食」「主菜」「副菜」「汁物」の組み合わせについて，食品の栄養バランスを考えながら，色どりや味のバランスにも気を配り，オリジナルの献立を作ってみよう。特に，写真を使うことによってイメージも湧きやすく，色どりにも気がつきやすい。献立作成をタブレット端末で行えば，写真の差し替えも簡単である。

端末上では，学級で検討した内容に沿って，グループや個人で考えた計画を修正するのも簡単である。その際には，修正前と修正後の方法を必ず記録に取っておけば，教師の評価にも活用できる。

3. 課題解決に向けた実践活動

被服製作では，紙の資料では手順や動きがわかりにくい場合もあるだろう。そのような場合には，動画を活用するとよい。動画は一時停止も可能であるため，自分がつまずいたところで動画を停止し，何が原因か動画と比較しながら検討することもできる。小さくて見えにくければ，写真に撮って拡大して確認するのもよい。一人ひとり困難さを感じる工程は異なるかもしれないが，各自にあわせて活用できる動画は，確かな技能を身につけるために効果的である。

評価・改善に向けて，ぜひ実践では，試行錯誤の軌跡を写真や動画で残しておこう。後で振り返ると，実践していた時にはわからなかった，新たな気づきがあるかもしれない。いずれにせよ，記憶だけに頼って振り返るより，動画や写真で可視化して記録を残すことによって，より細かな状況の把握が可能となる。

4. 実践を評価・改善し，考えたことを表現する

調理後の振り返りでは，「計画どおりにできたこと，できなかったこと，あるいは実践の中で考え，工夫したこと」を評価し，改善点を考えることとされる（文部科学省，2017h）。前述のように，調理の実践を動画や写真で残しておけば，その資料を見ながら改善点について，より深い議論が可能となるだろう。

さまざまな単元で実践発表会を行うのもよい。実践発表会では，各グループもしくは個人で発表スライドを作成し発表してみよう。プレゼンテーションソフトを使えば，写真を貼り付けるのも簡単である。写真の説明文や実践の工夫点，その時の自分の気持ちなどをスライドに書き込んで行けば，相手に状況が伝わりやすい。

自己評価にもICTは活用できる。整理・整頓を例にとれば，課題解決前（整理できていない状態）と課題解決後（整理された状態）の写真を比較することで，自己の成長を感じることができる。　［末松加奈］

3.9 体　育

学習指導要領解説[*1]の配慮する事項の中では，「特に運動が苦手な児童や運動に意欲的でない児童への指導等の在り方について配慮する」ことが示されている。その背景にあるのが，運動に対する意欲の二極化である。できる・できないがはっきりする体育科の授業において，運動が苦手な児童への意欲の喚起や技能の向上に向けたより具体的な手立てが求められている。

＊1　文部科学省（2017i）「小学校学習指導要領（平成29年告示）解説　体育編」

ICTを活用することによって，児童の苦手意識を克服し，具体的な支援の取り組みとしていく。具体的なポイントは以下の２つである。

・運動のポイントを具体的にスモールステップで示すこと。

・成功や期待感をもたせ，体育授業への学習意欲を喚起すること。

1. 技能のポイントを全体で確認・共有

一連の動きの中で，運動のポイントを伝えることは難しい。特に，器械運動など動きを止めて説明したり見合ったりすることができない運動では，どこに注目したらよいか，どこがポイントか口頭で伝えても理解が深まらない場合がある。

そこで，運動の動きを全体で確認するために撮影した動画を残像として写真に残すことができるカメラアプリ（例：軌跡動画カメラ）を活用して，全体で動きを確認したり，ポイントの共有に活用できる。

運動が苦手な児童（技ができない児童）にとっては，練習すべきポイントがわかると，意欲が向上し積極的に挑戦するようになる。さらに，技ができた児童にとっては，技のポイントを理解することで，できない児童への補助や具体的なアドバイスといった効果的なサポートにつなげることができる。こういった取り組みから，目標に向けた練習が明確になり，学級全体で行う授業が活性化し技能の向上を図ることができる。

図3.5　跳び箱の技をカメラで撮影

2. ICTを活用して意欲を高める取り組み

体育授業における学習意欲が低下すると，運動に積極的に取り組むことができず，運動能力も向上しないことがわかっている。体育授業における学習意欲を高めるためには，目標の成功や，能力向上への期待（できそうな気がする，得意になると思うなど）が，強く関連している。児童へ目標の達成感やできそうだという期待をもたせ，学習意欲を喚起するような授業を設計していくことが求められているといえる。

そのために，児童にできそうだと思える目標や練習となっているか，適正な課題に調整できているかを把握する必要がある。測定法（井口，2021）として，「課題の困難度」と「課題解決の能力」の2軸に関する質問をオンラインアンケート（Google Forms）を使って捉え，課題が簡単（もしくは，高度）すぎていないか把握することができる。例えば，鉄棒の「逆上がり」に挑戦させる際には，課題が難しすぎると回答している児童には，教師やペアの児童が補助をしたり，帯などを使って鉄棒から体が離れないような補助具を提案したりと，支援につなげることができる。一方，課題が簡単すぎると回答した場合は，「連続逆上がり」や，「後方指示回転」といった発展技に挑戦させたり，高い鉄棒でも同じ技ができるか挑戦させたりと挑戦する課題の難易度を調整することで意欲が喚起できる。

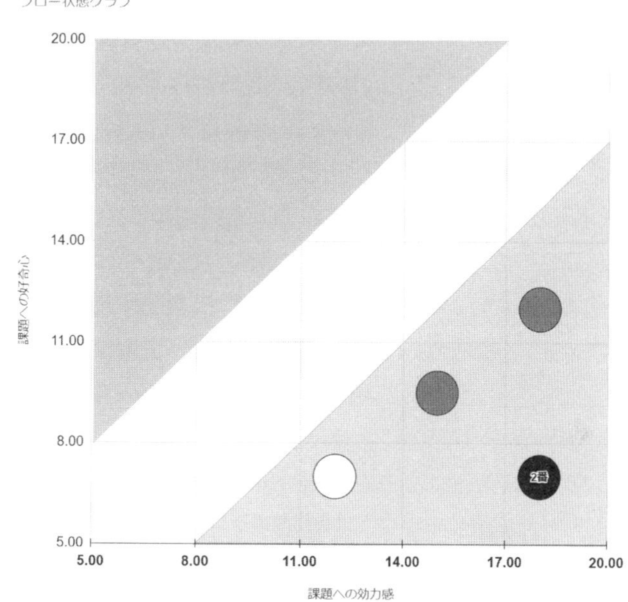

図3.6　適正課題となっているか把握するアンケート
（Google Formsを使用）

3. ICTを活用した協同して技能を向上させる取り組み

また，一連の動きの中で自分の身体がどのように動いているかイメージしきれていない場合もある。その際には，ペアやグループで練習している児童を写真や動画に撮ることで，自分の身体の動きがどうなっているか，イメージした動きとどこが違うのか視覚的に把握することができる。そのため，どの児童も自身で練習すべきポイントを明確にすることができる。

ほかには，タブレットを作戦ボードとして，チームで考えた作戦や，動きを記入し共有する。その共有した動きに合わせて，実際のゲームを行うのである。その際，録画したチームの動きなども参考にして，作戦を立てることも考えられる。例えば，バスケットボールをメインゲームとして実施する場合，ゴールに向かって動く縦の動きと，サイドに向かって動く横の動きを誰がどのタイミングで行うかなど事前に共有しておくのである。ボール運動は，チームで動きを共有することで，一連の動きのねらいや意図を明確にすることができる。さらに，ボールを持たないときの動き（オフザボール）が明確になったり，戦術がはっきりするなど作戦を共有することの意義は大きい。

［井口武俊］

3.10 外国語活動

1. 外国語活動・外国語の目標と ICT 活用

学習指導要領における，外国語活動の目標とは，「コミュニケーションを図る素地となる資質・能力を育成すること」であり，それは，ただ単に外国語で話す（話せる）ということだけでなく，「外国語によるコミュニケーションの中で，どのような視点で物事を捉え，どのような考え方で思考していくのかという，**物事を捉える視点や考え方**」を学ぶことであるとされる。その際には，「外国語やその背景にある文化を，社会や世界，他者との関わりに着目して捉え，コミュニケーションを行う目的や場面，状況等に応じて，情報を整理しながら考えなどを形成し，再構築すること」が重要とされる（文部科学省，2017j）。

学習指導要領解説[*1]に，ICT の活用について「児童が身に付けるべき資質・能力や児童の実態，教材の内容などに応じて，視聴覚教材やコンピュータ，情報通信ネットワーク，教育機器などを有効活用し，児童の興味・関心をより高め，指導の効率化や言語活動の更なる充実を図るようにすること」とあるように，その活用の主たる目的は興味・関心を高め，言語活動をより充実したものとすることにある（文部科学省，2017j）。

＊1　文部科学省（2017j）「小学校学習指導要領（平成 29 年告示）解説　外国語活動・外国語編」

＊2 英語教員のためのポータルサイト「えいごネット」は，一般財団法人英語教育協議会（ELEC）が文部科学省の協力で運営している情報サイトである。教材や指導案の情報が検索できる。
「えいごネット」（eigo-net.jp）

令和元年度英語教育実施状況調査（文部科学省，2019b）の結果からは，高校生の英語力（第 3 期教育振興基本計画では，CEFR A2 相当の英語力がある高校 3 年生の割合 50% を目標としている）と ICT の活用状況を比較したところ，高校生の英語力の目標値を達成した学校はいずれも ICT をよく活用していたことがわかっている（図 3.7）。ただし，ICT を活用する割合が高い場合でも目標値を下回っている都道府県も多数存在しているため，やはりただ活用すればよいという訳ではなく，“どう活用するか”が問題となるだろう[*2]。

縦軸：CEFR A2 相当の英語力がある高校 3 年生の割合（20%〜65%）
横軸：英語授業に ICT を活用している（0%〜120%）
目標値

図 3.7　各都道府県の高校生の英語力と ICT 活用状況の関係
（出所）文部科学省（2019c）より筆者作成

2. 外国語教育に ICT を活用するメリット

外国語教育では，4 技能（聞く，読む，話す，書く）をバランスよく育成することが求められる。では，それぞれの技能を育成するために ICT はどのように活用し得るのだろうか。

(1) 聞く

タブレット端末やPCを使用して音声や動画を視聴しようとした場合，音声の速度を変更することや繰り返し聞くことが容易である。動画の速度を調整すれば，自分にとって聞き取りやすい速度に簡単に変更することができる。タブレット端末を通して，聞こえた言葉に丸印をつけるといった活動もいいだろう。もちろん紙でもできる活動であるが，ICTを使えば，教師が個々の学習の状況を把握しやすいという利点がある。

(2) 読む

小学校の外国語教育の「読むこと」では，音声で十分慣れ親しんだものに関して，掲示やパンフレットなどから必要な情報を得たり，簡単な絵本を読むなどの活動が想定されている（文部科学省，2017j)。デジタル絵本を使えば，もし読めなくてつまずいてしまった場合も，音声で確認しながら，自分で読み進めることが可能である。

(3) 話す

まずは，遠隔地とも簡単につながれることが利点だろう。国内の別の地域の学校と英語で交流することももちろんよいが，もし可能であればぜひ海外に住んでいる同年代の子どもたちと交流してもらいたい。単に話す技能の獲得だけではなく，多文化理解や意欲の向上につながるだろう。タブレット端末を活用すれば，自分で話した外国語を簡単に録音・録画し，再生することができる。グループでお互いに録音を聴きあう活動も容易である。録音をそのまま残しておけば，それを評価に活用することもできる。

(4) 書く

単純にアルファベット順に大文字・小文字を書くように指導することがよいわけではない。「b，d」といった紛らわしい形を意識させるような工夫も必要である。例えば，身の回りのものからアルファベットを見つける活動をするのもよいだろう。タブレット端末で見つけた文字の写真を撮れば，学級で共有することも簡単だ。友達が見つけたアルファベットと自分が見つけたものを比較し，違いをみつけながら，文字の特徴への理解を深め，興味関心も高めることができる。

「読むこと」「書くこと」に際しては，「音声で十分に慣れ親しむ」ということが前提となることに注意したい。また，興味・関心をより高めるために，デジタルデバイスを積極的に活用してほしい。　[末松加奈]

3.11 道　徳

1. 道徳科とその評価

「特別の教科　道徳」(以下,「道徳科」と呼ぶ) は,「考え，議論する」ことを強調した道徳教育という触れ込みで，2015 年一部改訂の学習指導要領で設けられた。この道徳科は，それまで教科外の「領域」であったものが「教科化」された道徳教育という印象を社会に与えているが，実際には，国語や算数などの「教科」とは異なる。学習指導要領の章立てをみると，国語や算数の扱いが記された「第二章　各教科」があるが，その中に道徳科はなく，教科外の「領域」だった改訂前の学習指導要領と同じ第 3 章にある。その意味で，実は「教科化」されてはいない，ということに注意が必要だ。学習指導要領におけるその位置は従来と変わらない側面もあるということだ。

もちろん新しい面もある (「新しい」からといって「よい」とは限らない)。それは「評価」の導入である。もちろんこれにも注意が必要だ。その仕方は，答えがはっきりしたものを身につけるという視点での評価ではなく，そもそも道徳性の評価は難しいため，子ども個人の中で道徳の理解に変化が生じたかどうかを評価するということ (**個人内評価**) になっている。

「評価」は個人内の変化を捉えることがまずは重要になるが，どのような変化を「道徳的」と捉えればよいのだろうか。学術的には安定した定説があるとはいいがたく，合理主義や功利主義や徳倫理など，おおむね 3 つの学問的立場がある。一方で，どのような立場であっても共有する道徳的問題がある。それは，最も古く，人類を悩ませてきた問題 (道徳的問題の典型) である。それは，専門用語で **「アクラシア」** (抑制がきかないこと) とよばれるもので，ひらたくいうと「わかっちゃいるけどやめられない」問題である。言い換えれば，問題は共有しているが，この問題への決定的な答えをまだ見つけていないということである。例えば，**表 3.1** のようなものがある。

これらは，道徳問題としてはやや小さい印象を与えるかもしれないが，いい悪いが問われていることは了解してもらえるだろう。こうした問題に

表 3.1　アクラシアの事例とその道徳的価値

事　例	道徳的価値
ダイエット中の甘いもの	健　康
宝くじの購入（43 万箱の動物クッキーに一つだけのあたり）	節　制
いじめ・人種差別の傍観者	公平・社会主義
深夜のネットゲーム・ネットサーフィン	節　度

ついて，すこしでも個人が考え，その考えがすこしでも変化したとしたら，それは「道徳」についての変化と考えてよいはずだ。繰り返すが，その「変化」が正しいかどうかは評価できない。

2. 情報モラルの授業を構想する

学習指導要領解説*1には，ICTの活用について記述されていない。一方で，道徳科で取り扱う内容として「**情報モラル**」が示されている。同解説では，道徳科で指導する情報モラルについて「情報モラルは情報社会で適正な活動を行うための基になる考え方と態度と捉えることができる」とし，その内容として「情報社会の倫理，法の理解と遵守，安全への知恵，情報セキュリティ，公共的なネットワーク」があり，特に道徳科では「情報社会の倫理，法の理解と遵守」を扱うとされる。

*1　文部科学省（2017k）「小学校学習指導要領（平成29年告示）解説　特別の教科 道徳編」

それでは，前述のアクラシアを手がかりに，「情報モラル」に関する道徳の授業を組み立ててみよう。「情報モラル」の指導を「わかっちゃいるけど」型の授業として構想してみると，例えば以下のような問題を子どもたちと考える展開が想定できる。

① 不適切な写真をアップしてはいけないことはわかっているはずなのに，どうして起こってしまうのでしょうか？

② クラスの友達４人のグループトーク。そろそろ寝る時間なのでグループトークを終わりにしたいけど，言い出せません。どうして終えられそうもないのでしょうか？

授業展開として，まず，どうして「アップしてしまうのか」「終えられそうもないのか」を子どもたちに考えてもらうよう投げかける。多様な意見が挙がるだろうから，その出た意見を類似のものに適宜まとめるなどする。そのうえで，それぞれに対して「どうすればよいのか」（対策）を考える。場合によっては，挙がった対策自体もまた議論の対象になり，さらに「考え，議論する」展開も考えられる。

「情報社会の倫理，法の理解と遵守」と聞くと小難しいように感じるが，情報モラルは基本的に日常的な「わかっちゃいるけど」を前提にしていることが多い。例えば，「人に温かい心で接し，親切にする」「友達と仲良くし，助け合う」「他の人との関わり方を大切にする」「相手への影響を考えて行動する」などである。だから，情報モラル問題を入り口にし，こうした日常的な道徳的価値について，多様な意見を出し合いながら考え，議論する授業は子どもたちにとって馴染みやすいものとなるはずだ。

［中村清二］

3.12 総合的な学習の時間

1. 総合的な学習の時間におけるICTの導入

学習指導要領の「内容の取扱い」では配慮するものとして，「探究的な学習の過程においては，コンピュータや情報通信ネットワークなどを適切かつ効果的に活用して，情報を収集・整理・発信するなどの学習活動が行われるよう工夫すること。その際，コンピュータで文字を入力するなどの学習の基盤として必要となる情報手段の基本的な操作を習得し，情報や情報手段を主体的に選択し活用できるよう配慮すること」が示されている。総合的な学習の時間では，実社会や実生活の中にある課題の解決に向けて，異なる多様な他者と協働しながら探究のプロセス（①課題の設定⇒②情報の収集⇒③整理・分析⇒④まとめ・表現）を繰り返していく*1。この探究のプロセスにICTを位置づけることで，探究をより深めることができる。以下に示したのが，探究のプロセスにおけるICT導入例である。

＊1　文部科学省（2017l）「小学校学習指導要領（平成29年告示）解説　総合的な学習の時間編」参照のこと。

表3.2　探究のプロセスにおけるICT導入事例

① 課題の設定段階 体験活動などを通して感じたこと，気になったことをタブレットなどに入力しストックしておく。課題を設定する場面でそれらの内容を深める。
② 情報の収集段階 web上で検索した情報を，タブレット内のメモやスライドに貼り付け，必要な情報だけを取り出したり，組み合わせたりする。
③ 整理・分析段階 見聞きし，収集した情報を，ホワイトボードアプリなどに貼り付け，整理したり分析したりして思考を深める。
④ まとめ・表現段階 気づきや発見，自分の考えなどをまとめ，学習支援システムに入力し，全体で共有したり，自分の考えと比較したりする。

2. 目的に合わせて調べた内容を整理する

探究のプロセスの中で，前出した，②情報の収集段階でICTを利用している学校は従来も多かった。総合的な学習の時間になるとパソコン教室へ行き，調べ学習をするといった具合だ。しかし，1人1台端末が確保されているいま，教室を移動する必要もなく，調べたものをそのままストックして保存しておくことができ，いつでもアクセス可能になった。調べ学習だけであれば，宿題や自主学習で取り組ませることもできるのである。調べる時間を気にせずに探究活動に没頭できるようになったのである。

しかし情報にアクセスし保管しやすい環境にはなったが，今後重要となるのが，調べて明らかにしたいものは何か（①課題の設定段階）を明確にすることが必要となるし，得た情報を取捨選択して必要な情報に絞らなければならない（③整理・分析段階）。今後，ICT を効果的に活用していくには，情報を収集する前後に，思考を整理したりまとめたりすることである。そのためには，ホワイトボードアプリなどで使える思考ツール（イメージマップや，マトリックスなど）を活用し，明らかにしたいことや，情報を整理することが必要である。最終的にわかったことや明らかとなったことを表現する（④まとめ・表現段階）際に，あらかじめ収集した情報を整理しておくと，受け手に伝わる発表を行うことができる（図 3.8）。ICT の活用は，今後さまざまな探究場面で求められていくといえる。

図 3.8　タブレットを使って思考ツールを活用している

3. 論理的思考力をはぐくむプログラミングツール

プログラミングについては，学習指導要領では配慮事項として，「プログラミングを体験しながら論理的思考力を身に付けるための学習活動を行う場合には，プログラミングを体験することが，探究的な学習の過程に適切に位置付くようにすること」と示されている。

小学校段階でも，論理的思考力を身につける学習が位置づけられ，多くの学校で導入されている。小学校段階でのプログラミングでは，コンピュータを使わないロボット（ビットロボットなど）を活用したり，オンライン上でプログラミング学習が行えるシステム（スクラッチなど）*2 を活用したりして，学年や発達段階に合わせて取り入れられている（図 3.9）。

また，総合的な学習の時間ではプログラミングを学ぶだけでなく，プログラミングが社会でどのように活用されているかを調べたりまとめたりするなど，実社会との関わりについても学ぶことが求められている。プログラミング学習を通して学んだ論理的思考力を使って，他の教科で課題解決のために活用したり深めたりすることで，教科横断的な学びを実現することができる。

［井口武俊］

*2　小学校で使用されているプログラミング教材の例
「はくぶん」
https://www.hakubun.co.jp/bitrobot/

「スクラッチ」
https://scratch.mit.edu/

図 3.9　ビットロボットを活用して協働学習を行っている様子

【発展問題】

・本章では，さまざまなデジタルデバイスやアプリが紹介されている。複数の教科等で使用されているものもあれば，特定の教科で使用されているものもあるだろう。教科等の特性を踏まえながら，それらのデジタルデバイスやアプリの特徴と使用方法を整理してみよう。

【推薦文献】

・**文部科学省『遠隔教育システム活用ガイドブック　第３版』内田洋行教育総合研究所，2021 年**

下のコラムで紹介した，遠隔教育の実践事例をまとめたものである。

コラム　遠隔教育と ICT 活用

皆さんは，「遠隔教育」という言葉を聞いたことがあるだろうか。遠隔教育とは，従来，不登校や病気療養といった事情により通学して教育を受けることが困難な児童生徒に対し教育機会を確保する，過疎地や離島などの小規模校の教育課題を克服することを主な目的として行われている教育であった。近年では，感染症や災害時の学びの保障といった観点でも注目されるようになっただけでなく，教科等の学びを深めるためにも遠隔教育の活用が広まっている。例えば，社会科，生活科や総合的な学習の時間などで，外部の専門家から話を聞くといった実践も進んでいる。遠隔教育の重要性や位置づけは年々拡大しており，技術的な面を含めて理解を深める必要がある。

［末松加奈］

学級づくりにおける ICT 活用

「学級」は，小学校において，子どもたちの生活の基盤となる集団である。「学級づくり」がうまくいくかどうかは，教師にとって大きな悩みとなり得る。さらに，子どもにとっても学校が心地よく過ごせる場所かどうかを左右する一つの要因であろう。ICT が学級づくりにどう資するのか，本章を通して学びを深めてほしい。

4.1 学級づくりとは

1. 学級づくりがなぜ求められるのか

大学で授業を受ける学習集団は，授業ごとに履修する学生たちが集まる，一過性の学習集団である。授業の履修について契約し（評価の仕方，参加の仕方，期待される取り組みなど），そのうえで展開されている。

それに対し，小学校で授業が行われる学級集団は，最低1年間はメンバーが固定された集団である。学級集団は「学習集団」としてだけではなく，背景に「生活集団」の側面も併せ持っている。その影響が，授業時の児童間の人間関係に反映されるため，授業だけを独立させて学習させるということが難しい。日々行われる授業は，「学習集団」と「生活集団」を併せもった「学級集団」の中で展開され，「学級集団」内のメンバー間の相互作用が授業を展開するうえで重要な要因となるのである。つまり，授業を円滑に進めるためには，その生活の基盤となる学級集団づくりが求められているのである。

2. 学級づくりのための条件

では，学級づくりとはどのようなものだろうか。河村茂雄（2012）によると，学級を成立させる条件は以下の通りである。

表 4.1　学級を成立させる条件

学級集団を成立させる必要条件 ・集団内に，規律，共有された行動様式がある【ルールの確立】 ・集団内に，児童生徒同士の良好な人間関係，役割交流だけでなく感情交流も含まれた内面的なかかわりを含む親和的な人間関係がある【リレーションの確立】
学級集団を成立させる十分条件 ・一人一人の児童生徒に，学習や学級活動に意欲的に取り組もうとする意欲と行動する習慣があり，同時に，児童同士で学び合う姿勢と行動する習慣がある ・集団内に，児童の中から自主的に活動しようとする意欲，行動するためのシステムがある

（出所）河村（2012）p.15 より作成

上記の条件を満たすような学級づくりに意図的・計画的に取り組むことが求められている。例えばルールの確立では，初めの段階では教師が指示しないとルールに沿って生活できないレベルである。それが次第に，子どもたち同士で注意し合ったり，自分で気がついて行動できていったりと児童の中でルールが内在化してくるのである。こういったルールを定着させるために，教師は学級づくりを行っていくのである。

3. 学級組織の発達

学級づくりをしていくうえで，学級の現在位置を把握することが重要である。特に，集団の現状をどのように捉えるか指針が必要である。学級組織には以下のような発達段階がある。現在の学級の状態を把握する目安となる。

表 4.2　学級組織の発達段階

第一段階「混沌緊張期」 無秩序で，児童同士に交流が少なく，学級のルールも定着していない段階。
第二段階「小集団成立期」 学級のルールが意識され始め，児童同士の交流も活性化してきているが，気心の知れた小集団内に留まっている段階。
第三段階「中集団成立期」 学級のルールがかなり定着し，影響力のある小集団などが中心となって連携し，学級の半数の児童が一緒に行動できる段階。
第四段階「全体集団成立期」 学級のルールがほぼ定着し,学級の児童のほぼ全員で一緒に行動できる段階。
第五段階「自治的集団成立期」 学級のルールが児童に内在化され，児童は自他の成長のために協力できる状態にある段階。

（出所）河村（2012）p.17, 18 より作成

学級づくりの最終的な到達点が第五段階「自治的集団成立期」である。子ども同士の自治制が高まり，学級を自分たちで運営しているといった主体性がみられる段階である。しかし，全国の小学校の学級集団の段階をみると，第四段階～第五段階の学級の割合は全国で半数をきっている。1年間たっても第二段階の状態の学級が２～３割程度である。第一段階またはそれ以下の状況の学級が１割である。といった現状が報告されている（河村，2012）。

子どもたちの心理的発達や，学校を取り巻く現状が日々変化していく中で，集団を捉えながら個別対応が求められていく学級づくりには難しさがある。しかし，ICTを使ったサポートや学校組織で子どもたちを支援していくことでよりよい学級づくりが実現できると期待している。

［井口武俊］

4.2 学級づくりとICT活用

1. 学級アセスメントによるICT活用

学級組織の発達段階（p.51参照）を目安にして現在の段階を把握することで，学級づくりに必要な取り組みを明らかにすることができる。例えば現在の学級状態を捉えるアセスメントツールであるWEBQU[*1]を活用することが有効である。

＊1 「WEBQU教育サポート」
https://www.webqu.jp/

WEBQUとは，河村茂雄（早稲田大学）が開発し，子どもたちの学校生活での満足度と意欲，学級集団の状態を調べることを目的として標準化された心理テストである。調査結果が実施当日に分析されて出力されるため，いじめ・不登校など不適応の可能性を抱えている子ども，学校生活への意欲が低下している子どもの早期発見につなげることができる。

web上でアンケートの実施を行うため，結果が反映されるまでの時間が短く即時に確認することができる。また，子どもの回答から個々の「子どもの状態」と学級全員の回答状況から「学級集団全体の状態」を把握することができ，学級の結果から，学級の児童全員が親和的で活発な状況になるための方策に役立てることができる。また，回答の状況からいじめや不登校などの問題行動を早期発見・早期支援につなげることができるため，全国の学校で導入が広がっている。

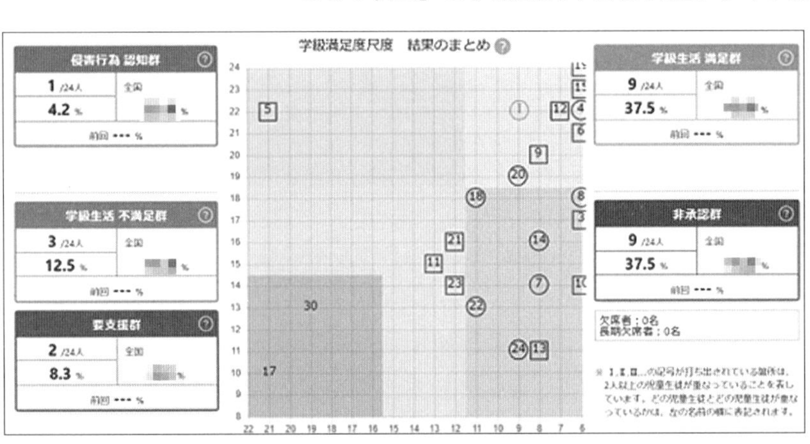

図4.1　WEBQUの表示画面

（注）分布の縦軸が承認得点（認められているか），横軸が被侵害得点（嫌な思いをしているか）から，子どもの回答を出席番号で表示している。

2. 児童の人間関係を育てるエクササイズ

学級づくりにはルールの確立の他に，リレーションの形成が必要である。学級におけるリレーションとは，子ども同士の関係性，子どもと教師の関係性など，学校生活を送るうえで欠かせない人間関係の結びつきである。リレーションの形成は，対人関係上のトラブル防止だけでなく，協同学習や集団活動の質を高める基盤として機能する。

児童の人間関係を形成する方法として，構成的グループエンカウンター（以下，SGE）の実施がある。SGEとは，エクササイズという共通の課題（活動）に取り組み，そこでの体験を通して感じたこと，気づいたことをグループでシェアリングを行い，自己理解，他者理解などのねらいを達成することである。ICT を活用して SGE を実施する展開を以下に示す。

①インストラクション（導入）
・エクササイズのねらいの提示
・やり方と留意点
・デモンストレーション（モデルを示す）
②エクササイズ（課題）の展開
・ICT を活用して間接的な交流
③インターベンション（介入）
④シェアリング（振り返り，フィードバック）

SGE の例：いいとこさがし

タブレットのカメラ機能をつかって，友達のいいところを写真に収め（例：休み時間の友達の様子や，当番などで活躍している様子など），ペイント機能を使って，写真に友達のいいところを直接入力し（例：いつも遊びに誘ってくれる A さん，毎日水やりを欠かさない B さんなど），一言メッセージを添えて発表する。この活動では友達に受容されたり，他者を肯定的に受け入れることができる経験となる。

3. 児童同士の相互交流を促進する ICT 支援ツール

学級の児童同士の仲が深まっていない段階では，気心の知れた２～５人程度の小グループで交流することが多い。小グループの外側のメンバーとは交流があまりみられず，閉じた関係になっていくがその予防のためには，相手のことを理解するきっかけが必要である。どんなことが好きなのか，どんな気持ちになるのか，意図的に交流する場面を作るには，ICT の授業支援ツールが活用できる。

例えば，Google Classroom などを使って，朝の時間に自分の体調や気分を入力してクラス全体で共有することができる。帰りの会では，一日あった出来事や楽しかったことの振り返りを入力して共有することもできる。共有された友達のものを見たりコメントをつけたり相互に交流することも可能である。また，全体でシェアすることで同じ気持ちであることに気がつくなど共通点を見つけることもできる。

小グループ内の閉じた交流に留まっている状態の学級が多い中で，ICT を活用して対面よりも抵抗が少なく，一斉に相互に交流ができる取り組みは，小グループの範囲を超えた学級集団全体の交流につながっていくものである。自然に関わりをもたせることが難しくなった現代の子どもたちにとって，ICT の取り組みが求められているといえる。［井口武俊］

【発展問題】

・ICT を利用した構成的グループエンカウンター（SGE）の実践事例を考えてみよう。下記の推薦文献が参考になるほか，自治体の教育センター等の WEB サイト上に SGE の実践事例が掲載されているので，参考にしてみよう。

【推薦文献】

・國分康孝（著），國分久子（監修）『構成的グループエンカウンターの理論と方法—半世紀にわたる探究の成果と継承』図書文化社，2018 年

構成的グループエンカウンター（SGE）の提唱者である國分康孝が，その理論と方法についてまとめた書籍である。当該方法をより深く理解したい方に，本書を薦める。

・大友秀人・瀬尾尚隆・吉田ゆかり・伊藤友彦（編著）『タブレットでふれあうエンカウンター』図書文化社，2021 年

タブレット端末を使用した構成的グループエンカウンター（SGE）の方法について，具体例とともに紹介した書籍である。

・「月刊学校教育相談」編集部（編）『シンプルな 12 のワークが子ども同士の関係性を劇的に変える』ほんの森出版，2022 年

子どもの関係性を育てるための方法について，雑誌「月刊学校教育相談」で好評だった 12 のワークを紹介したものである。ICT の活用に直接関連するものではないが，実践の参考になる方法が多数紹介されている。

校務における ICT 活用

教師の長時間労働の実態が明らかになり，学校における働き方改革の推進が叫ばれている。教師が本来最も時間をかけるべきことが，子どもたちへの教育活動であることは疑いようがない。また，教師自身が心身ともに健康であることは，巡り巡って子どもの利益につながるのである。本章を通して，ICT 化が教師の仕事にどんな影響をもたらすのか考えてほしい。

5.1 校務とは

教師の校務には，学校経営管理上の事務を行うという役割があり，各教師の事務的な分担を総称して「**校務分掌**」という。学校全体の業務を組織で運営していくための役割分担である。学校は校長や副校長の管理の下に教務主任や生活指導主任といった各主任が任命されており，全教職員の協力体制のもと分担して執り行われている。

1. 学校業務の分類

表 5.1 に示すように，学校業務は，学校事務，事務以外の実務，授業に分類される（日本教育工学振興会，2007）。広義には，すべての学校業務を校務と捉えることができるが，一般的には学校事務の業務を「校務」と呼ぶことが多い。大まかな分類として，学校教育の内容に関する事務，教職員の人事管理に関する事務，児童生徒管理に関する事務，学校の施設・設備の管理に関する事務，その他学校の運営に関する事務が挙げられる。その主なものには，成績処理，通知表作成，指導要録管理，健康管理などがある。また，各種報告書に加え，学級通信や名簿の作成などが業務に含まれる。つまり，教師の仕事は，学級担任や教科指導，生活指導など，教育的な指導をすることだけに留まらないのである。

表 5.1　学校業務の分類

		学校の業務		
		校務（学校事務）	事務以外の実務	授業
実施者	教員	(1)教員事務 • 教務関連事務（成績処理、通知表作成、教育課程編成、時間割作成等） • 学籍関連事務（転出入関連事務、指導要録管理、出欠管理等） • 保健関係事務（健康観察・報告等） • 各種報告書作成 • 各種お便り作成等	(4)教員実務 • 見回り • 点検作業等	(7)授業 • 授業 • 課外授業
	管理職（校長等）	(2)管理職事務 • 業務報告 • 稟議 • 予算要求　等	(5)管理職実務 • 見回り • 点検作業 • 教職員管理・指導等	
	事務官・現業職員	(3)事務官・現業職員事務 • 出退勤管理 • 出張申請 • 預かり金管理 • 献立作成・報告 • 物品購入・管理 • 各種情報処理　等	(6)事務官・現業職員実務 • 現業業務 • 見回り • 保守点検等	

（出所）日本教育工学振興会（2007）p.63

2. 学校業務に対する校務に費やす時間

教員勤務実態調査（平成28年度）*1（文部科学省，2018）を基に，小学校教諭の学校業務に費やした時間を10年前の調査結果と比較した。1日の学校業務に対する校務の割合は，2006年度が16.6%，2016年度が16.1%となっており，0.5%の減少がみられる（表5.2）。しかし，時間としては，97分となっており，1単位時間（45分）に換算すると，2単位時間分を校務に費やしていることとなる。

また，校務に取り掛かることができるのは，児童が下校する15時以降であることを考えると，校務を終えるためには，必然的に超過勤務（勤務時間外の労働）になってしまうことから，教師の負担は大きいといえよう。それと合わせて授業や事務以外の実務の学校業務もこなさなければならないため，教師の負担感はさらに増すだろう。

*1　文部科学省（2018）「教員勤務実態調査（平成28年度）（確定値）について」

表5.2　学校業務に対する時間の割合

単位（%）		2006（平成18）年度	2016（平成28年）年度	増減
学校の業務	校務	16.6	16.1	-0.5
	事務以外実務	31.3	28.5	-2.8
	授業	52.1	55.4	3.3
計		100	100	0

（出所）文部科学省（2018）より筆者作成

3. 今後の課題

現在，教師の1週間当たりの学内総勤務時間（持ち帰りは含まない）は，小学校で57時間25分（2006年度比で4時間9分増），中学校で63時間18分（2006年度比で5時間12分増）となっている。教師勤務実態調査で明らかになった**教師の長時間勤務**の状況を踏まえ，教師が自らの人間性を高め，子どもたちに対して効果的な教育活動を行うことができるよう，学校における働き方改革に関する議論が中央教育審議会でなされ，答申（文部科学省，2019）*2 が取りまとめられた。

このように，教師の業務負担の軽減は喫緊の課題となっている。学校における働き方改革により，教師が心身の健康を損なうことのないよう業務の質的転換を図り，限られた時間の中で，児童生徒に接する時間を十分に確保し，児童生徒にとって真に必要な総合的な指導を持続的に行うことのできる状況を作り出すことが求められている。　［齊藤　勝］

*2　中央教育審議会（2019）「新しい時代の教育に向けた持続可能な学校指導・運営体制の構築のための学校における働き方改革に関する総合的な方策について（答申）」（平成31年1月）

5.2 校務へのICTの導入

今日の学校教育においては，情報化の進展および働き方改革の推進に向けて校務や授業，事務以外の実務等の効率化を図るためにICTを積極的に活用することが推奨されている（文部科学省，2019a）。こうした一連の動きを「校務の情報化」と呼び，前項に挙げた校務に関わる情報を電子化し，コンピュータで処理することによって，教師の負担を軽減することを目指している。

1. 校務の情報化の形態

校務の情報化の形態は，各自治体によりさまざまであり，一律に規定できるものではないが，その多くでは，教師1人に1台の校務用の端末が配備され，出欠席・成績処理や通知表の作成，時間割の作成や時数管理，日常生活の記録や保健などの管理ができる**校務支援システム**が整備されている。

＊1　グループウェア
LANを活用して情報共有やコミュニケーションの効率化をはかり，グループによる作業を支援するソフトウェアの総称。

また，校務支援システムには，**グループウェア**[＊1]機能が付随しているものがあり，グループ内のメンバー間および外部とのコミュニケーションを円滑化する電子メール機能，グループ全体に広報を行う電子掲示板機能，メンバー間でスケジュールを共有するスケジューラ機能，アイデアやノウハウなどをデータベース化して共有する文書共有機能などがあり，稟議書など複数のメンバーで回覧される文書を電子化して流通させることもできる。

2. 校務の情報化の目的

校務の情報化の目的は，大きく2つに分類することができる。

まず，校務の情報化の目的は，教師の業務の軽減と効率化である。効率的な校務処理は，教育活動の質の改善や教師のゆとり確保につながる。校務が効率的に遂行できるようになることで，教職員が児童や生徒の指導に対してより多くの時間を割くことが可能となる。

また，校務システムを使用することで，一人ひとりの子どもの状況をき

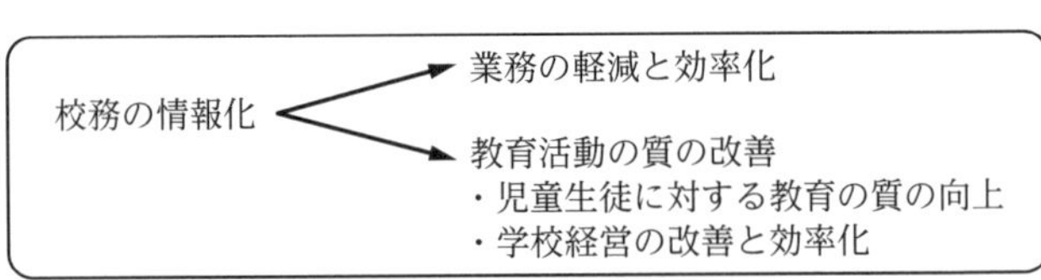

図5.1　校務の情報化の目的

め細やかに分析したり，共有したりすることができ，今まで以上の行き届いた質の高い学習指導や生徒指導等の教育活動が実現可能となる。

このように校務の情報化は，ますます進展する情報化社会において，ICTを有効に活用することで，業務の軽減と効率化，それによってもたらされる時間を，教育の質の向上と学校経営の改善につなげていくものである（図5.1）。

3. 情報化によってもたらされるメリット

(1) コミュニケーションの向上

メールや電子掲示板など，グループウェア機能の活用により，教師間のコミュニケーションが活発化する。コミュニケーションの向上は，学校内だけに留まらず，近隣の学校や教育委員会との文書のやり取りや情報交換の効率化にもつながる。

(2) 業務の質の向上

これまでは，各教師が前年度までと同様の文章を一から作成し，データ保管することが多かった。サーバーに接続された端末を使用することで，過去の報告書や文書データを共有することができ，文章作成に費やす時間を大幅に削減することができる。特に学年・学級通信，年間・月間予定などは，前年度までに作成されたデータを再利用することで，効率よく業務を進めることができる。

(3) 教材等のデータ共有

(2) と同様に，指導案や教材などをデータベース化することで，教師間で共有を図ることができる。他の教師が作成したデータを基に，該当年度の学級の実態や授業進度に合わせて再編集し，活用することができる。また，他の教師が作成した所見等を参照することもできるため，経験の浅い教師にとっては，評価の視点や所見の書き方を学ぶことが可能となる。

(4) 子どもに関するデータ共有

成績や保健関連（出欠席情報や成長の記録など）のデータを共有することで，個々の児童の実態を捉えやすくなり，指導の改善に役立てることができる。また児童の名簿情報等は，一度入力をすれば前年度のものが自動的に引き継がれる。通知表の作成の際には，成績や出欠席データが自動的に転記されるため，作業に割かれる時間を大幅に短縮できるだけでなく，転記ミスがなくなるといったメリットもある。

大阪市が行った調査によれば，ICTの導入によって，年間168.1時間（1日平均42分）の時間が創出されたとの報告がされている（大阪市，2014）。このように，校務へのICTの導入は，教師の業務に対する負担の軽減や時間削減に大きな効果をもたらすといえる。　［齊藤　勝］

5.3 ICTの環境整備

文部科学省の教育の情報化の実態等に関する調査*1によれば，2019年度に4.9人に1台だった児童生徒用の学習者用端末が，2020年度に1.4人に1台，2021年度はついに0.9人に1台となり，1人1台の端末の整備がほぼ完了したといえる。教師の使用する端末に関しては，校務用と学習指導用のものとを区別して使用されているケースが多い。

＊1　文部科学省（2022）「令和3年度学校における教育の情報化の実態等に関する調査結果（概要）〔確定値〕」

1. 校務用端末の整備率

先述の調査によれば，教師の校務用コンピュータ整備率は，2022（令和4）年3月時点で，125.4%となっている（図5.2）。100 %を超過しているのは，教師1人1台の端末に加えて職員室等に設置している共用の校務用コンピュータをカウントしている場合もあるためである。

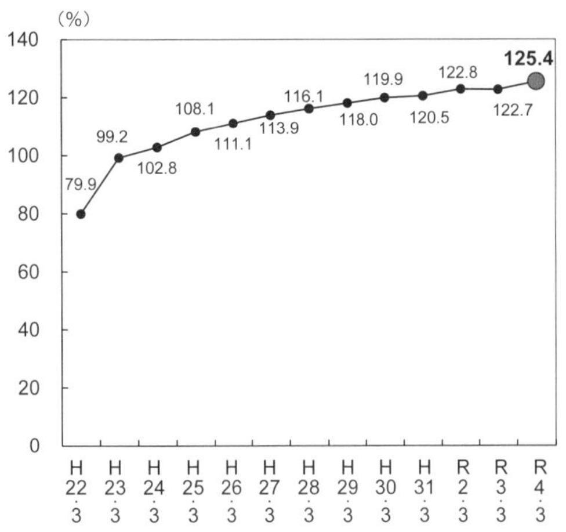

図5.2　教員の校務用コンピュータ整備率

（出所）文部科学省（2022）p.6

2. 校務支援システム

教師が校務に使用する端末は，教育委員会で管理しているサーバーと接続されており，**ローカルエリアネットワーク**の設定がなされている。これにより，それぞれの教師は，①学校共有サーバー（全校から閲覧可能な共有フォルダ），②各学校サーバー（各学校の端末からのみ閲覧可能なフォルダ），③個人サーバー（自身以外は閲覧できないフォルダ）を使い分けることができる仕組みになっている。

例えば，学校共有サーバーには，各自治体で開催されている研究会のフォルダや研究発表校のフォルダが作成されている。その自治体に所属する教師であれば誰もがアクセス可能となっているため，必要な情報（学習指導案やワークシート等）をいつでもダウンロードすることができる。各学校のサーバーも同様に，授業で使用したワークシートや教材，行事（運動会や学芸会，各種イベント等）の記録や使用した進行のマニュアル等がデータベース化されており，初めてその学年を担当した教師でも見通しをもって指導できるようになった*2。

＊2　5.2 校務へのICTの導入を参照。

このようにデータベース化が進むことで，今までは多くの紙媒体として，整理分類をして保管していたものが，ネットワーク上からいつでも取り出し，閲覧することが可能となった。さらに，校務に使用する端末は，職員室内にあるプリンターおよびスキャナーにも接続可能であり，必要に応じて印刷をしたり，容易にデータを取り込んだりすることが可能である。必要な資料を必要枚数だけ印刷できることから経費削減にもつながっている。

3. 統合型校務支援システム

校務システムを発展させて，教務系（成績処理，出欠管理，時数管理等），保健系（健康診断票，保健室来室管理等），学籍系（指導要録等），学校事務系など統合した機能を有しているシステムとして，統合型校務支援システムの導入[*3]が進められている。統合型校務支援システムを導入するメリットは，システムの利用によって校務における業務負担を軽減できること，情報の一元管理および共有ができることが挙げられる。各自治体における統合型校務支援システムの導入率は，2022（令和4）年３月現在で81.0％となっている（図5.3）。すべての学校に導入を完了している自治体もあれば，全体の約35％に留まっている自治体もある。

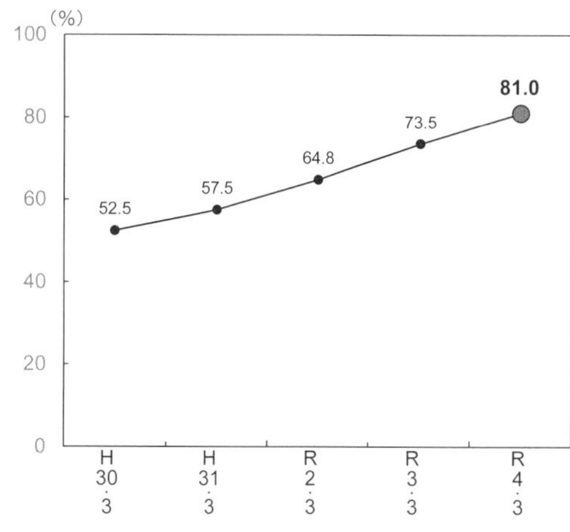

図5.3　統合型校務支援システム整備率
（出所）文部科学省（2022）p.7

4. 今後のシステム整備の動向

校務に使用する端末については，膨大な機密情報を扱うため，個人情報保護の観点から，ログインするために，指紋認証等の生体認証（**バイオメトリクス**）を採用している自治体がほとんどである。そのため，校務に使用する端末は，職員室に固定された校務用端末からのアクセスを前提として運用されているのが現状である。**仮想デスクトップ機能**[*4]を採用して，自宅での業務を可能にしている自治体もある。ただし，個人情報保護の観点から，複数のセキュリティが設定されている他，使用を希望する教師への研修が義務づけられている。

子育てや介護などをはじめとする家庭の事情等で，自宅で仕事をせざるを得ないといった教職員一人ひとりの事情に合わせた柔軟で安全な働き方を可能とする（**ロケーションフリー化**）とともに，出張時や緊急時における業務の継続性も確保することが検討されている。　［齊藤　勝］

＊3　統合型校務支援システムの導入については以下を参照。
・文部科学省（2019b）「統合型校務支援システムの導入のための手引き」pp.10-18

・文部科学省（2020a）「教育の情報化に関する手引―追補版―（令和２年６月）第５章　校務の情報化の推進」pp.183-186

＊4　仮想デスクトップ
自宅や外出先からでも職場と同じ環境で業務を行うことができる仮想システム。利用者が使う端末にはデータが保存されないため，個人情報等の漏洩を防ぐことができる。

5.4 ICT人材の育成

「教育の情報化に関する手引」(文部科学省, 2019a) には, ICT が有する特長を生かして, 以下の３つの側面を意識しながら, 教育の質の向上を図ることが示されている。

① 情報教育：子どもたちの情報活用能力の育成
② 教科指導における ICT 活用：ICT を効果的に活用したわかりやすく深まる授業の実現等
③ 校務の情報化：教職員が ICT を活用した情報共有によりきめ細やかな指導を行うことや, 校務の負担軽減等

＊1　情報活用能力
必要な情報を収集・判断・表現・処理・創造し, 受け手の状況などを踏まえて発信・伝達できる能力 (ICT の基本的な操作スキルを含む) や情報の科学的理解, 情報社会に参画する態度と定義されている。

また, 学習指導要領 (文部科学省, 2017) においては, **情報活用能力**[＊1]が言語能力, 問題発見・解決能力と同様に教科等を越えたすべての学習の基盤として育まれ活用される資質・能力の一つとして位置づけられている。子どもたちの情報活用能力の育成を意識しつつ, 校務の効率化, 授業の質の向上を図っていくためには, 教師の ICT 活用指導力が不可欠となる。

1. 現状における課題

都道府県と市町村を対象に実施した「自治体における GIGA スクール構想に関連する課題アンケート概要」(文部科学省, 2021) によれば, 小中学校の義務教育では, 1 番目と 2 番目の課題で「学校の学習指導での活用」(701 市町村, 39.8％),「教師の ICT 活用指導力」(631 市町村, 35.8％),「持ち帰り関連」(568 市町村, 32.3%) が挙げられている (図 5.4)。

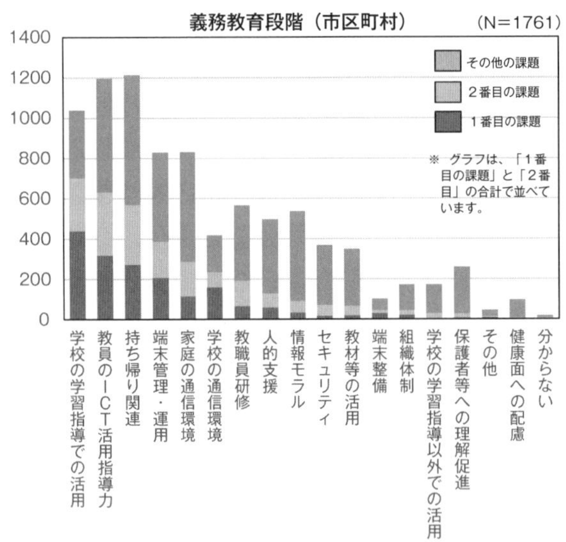

図 5.4　自治体における GIGA スクール構想に関連する課題
(出所) 文部科学省 (2021) p.21

2. 教師の ICT 活用指導力

情報社会の進展の中で, 一人ひとりの子どもたちに情報活用能力を身につけさせることは, ますます重要になっている。文部科学省では, 2006 (平成 18) 年度から教師の ICT 活用指導力に関してチェックリストを基に「わりにできる」「ややできる」

「あまりできない」「ほとんどできない」の 4 件法による自己評価で調査を実施している。2018（平成 30）年度に，質問項目が一部変更され，現在のチェックリストでは，「A 教材研究・指導の準備・評価・校務などに ICT を活用する能力」「B 授業に ICT を活用して指導する能力」「C 児童生徒の ICT 活用を指導する能力」「D 情報活用の基盤となる知識や態度について指導する能力」の 4 つの大項目から構成されている（基本的な操作技能の必要性や協働学習の要素を反映した内容などが新たに追加された）。

調査結果からは，A および D の項目においては，「できる」もしくは「ややできる」と回答した割合が 3 年連続で 8 割を超える結果となった。授業中に ICT を活用して指導する能力，校務等で ICT を活用する力が着実に増加していることが見て取れる。他方，B および C 項目においては，上記の項目と比較してまだ十分ではなく，さらなる指導力の向上が求められる（表 5.3）。

表 5.3　教員の ICT 活用能力の推移　（%）

大項目	ICT 活用指導力	2019 年度	2020 年度	2021 年度
A	教材研究・指導の準備・評価・校務などに ICT を活用する能力	86.7	86.3	87.5
B	授業に ICT を活用して指導する能力	69.8	70.2	70.2
C	児童生徒の ICT 活用を指導する能力	71.3	72.9	77.3
D	情報活用の基盤となる知識や態度について指導する能力	81.8	83.3	86.0

（出所）文部科学省「学校における教育の情報化の実態等に関する調査結果」（平成 31 年度から令和 3 年度）より作成

3. 今後の ICT 人材の育成に向けて

ICT 活用指導力が大きく向上している都道府県ほど，**悉皆研修**（**初任者研修や経験者研修**）や**教科別研修**（**教科を指定した研修**）において ICT 研修が位置づけられており，研修センターが開講している講座数が多かったという報告がある（金澤・深谷，2017）。現在では，多くの自治体において，法定研修の中に教師の情報活用能力を育成するための研修が組み込まれるようになった。つまり，日常的に ICT を活用した教科指導や校務の教育実践を行っていくためは，機器の導入だけでなく，研修等を通して，すべての教師が ICT 活用指導力を身につける必要がある。

また，校内においても情報活用能力育成に向けたチームを作成するなど，教師の役割を明確にしながら，これまでのカリキュラムを見直したり，情報活用能力の育成に関連のある単元や学習内容を整理したりすることが求められる。各教科での実践として，指導案を作成する際に，情報活用能力の視点を追記するなども有効である。研究授業に留まらず，教師同士が日常的に授業を見合う機会を多く作ることで，実践を通した情報活用能力のイメージの共有も可能となる。さらに，教師養成段階においても，ICT 活用指導力を向上させていくことが急務である。　［齊藤　勝］

【発展問題】

・さまざまな企業が統合型校務支援システムを開発している。実際に開発されたシステムについてインターネットで調べてみよう。また，複数のシステムを調べ，その機能などを比較してみよう。

【推薦文献】

・堀田龍也（監修），校務情報化支援検討会（編）『「校務の情報化」で学校経営がこう変わる』教育開発研究所，2015 年

校務の情報化（校務支援システムの導入）によって，学校現場にどのような変化が起こるのか，より深く学ぶことができる。

遊びとデジタルデバイス

幼児期に子どもたちは，遊びを通してさまざまな力を身につけている。遊びは子どもの育ちにとって，かけがえのないものである。今日，子どもの周りにデジタル環境は当たり前のように存在している。そのような環境下で育った子どもたちに，これから保育者はどう向き合っていけばいいのだろうか。

6.1 遊びとともにある保育と子どもの育ち

日本の保育・幼児教育においては，遊びを通して行う保育が謳われている。子どもとともにいる保育者はこの遊びと子どもの育ちについてどのように捉えたらいいのであろうか。

1. 保育・幼児教育における遊び

日本の保育・幼児教育を提供する場として，現在，保育所，幼稚園，認定こども園がある。これらの保育・幼児教育施設は，幼児期にふさわしい教育を適切に行う場であり，それは環境を通して行うものであると謳われている。各施設において，保育所保育指針，幼稚園教育要領，幼保連携型認定こども園教育・保育要領が定められているが，3歳以上児について，基本的に同じ教育を行うことが明確にされている。幼稚園教育要領解説（文部科学省，2018）には，環境を通して行う保育について以下のように述べられている。

> 環境を通して行う教育は，幼児との生活を大切にした教育である。幼児が，教師と共に生活する中で，ものや人などの様々な環境と出会い，それらとのふさわしい関わり方を身に付けていくこと，すなわち，教師の支えを得ながら文化を獲得し，自己の可能性を開いていくことを大切にした教育なのである*[1]。

*1　文部科学省（2018）「幼稚園教育要領解説」第1章総説／第1節幼稚園教育の基本／2環境を通して行う教育／（3）環境を通して行う教育の特質（p.27）

ここには，「生活を大切にした」と書かれている。さらに，生活の形態について着目してみると以下のように述べられている。

> 幼児期には，幼児自身が自発的・能動的に環境と関わりながら，生活の中で状況と関連付けて身に付けていくことが重要である。したがって，生活に必要な能力や態度などの獲得のためには，遊びを中心とした生活の中で，幼児自身が自らの生活と関連付けながら，好奇心を抱くこと，あるいは必要感をもつことが重要である*[2]。

*2　同上，序章／第2節幼児期の特性と幼稚園教育の役割／1幼児期の特性／（2）幼児期の発達／①発達の捉え方（pp.12-13）

環境を通して行う保育とは，「遊びを中心とした生活」を基盤として行われるものであると示されている。さらに，こうした生活形態を保障するために，保育者には遊びを通しての総合的な指導が求められている。

遊びについては以下のように，遊びの本質はそれ自体を楽しむことにあり，将来の役に立つから遊ぶといった成果を求めるものではないと述べられているものの，その解釈は多様に開かれている。

幼児期の生活のほとんどは，遊びによって占められている。遊びの本質は，人が周囲の事物や他の人たちと思うがままに多様な仕方で応答し合うことに夢中になり，時の経つのも忘れ，その関わり合いそのものを楽しむことにある。すなわち遊びは遊ぶこと自体が目的であり，人の役に立つ何らかの成果を生み出すことが目的ではない*3。

*3　同上，第１章総説／第１節幼稚園教育の基本／３幼稚園教育の基本に関連して重視する事項／（2）遊びを通しての総合的な指導①幼児期における遊び（p.30）

子どもは日々の保育の中で，「教師の支えを得ながら文化を獲得し，自己の可能性を開いていく」。すなわち，保育とは，子どもが十分に時間と空間が保証された遊びの中で自分を表し，探索し，思考し，生きる力を育む過程なのである。

2. 遊びを子どもの表現する姿としてみる

遊びの解釈の一つに，遊ぶ子どもの姿を「子どもが表現している姿」と捉える見方がある。津守真は，『子ども学のはじまり』（フレーベル館，1979年）の中で，ある子どもの姿を紹介している。保育者としての津守は，水と関わる子どもを見ながら，「安心して」いじっていると捉える。

それは物との間の交渉であり，その全体は大人との関係に支えられている。安心して水との間の交渉にはいるとき，その間に生み出される子どものイメージは，予測をゆるさず，変化して動く。……傍にいる保育者にもそのイメージはどのようなものであるか，わからぬことが多い。しかし，そこに自由に動くイメージがあることはたしかである。また，もしも，そこで大人に余裕があれば，大人自身のイメージをもつことができる。　（津守，1979，p.129）

その後，子どもは落ち着いてさまざまに素材にふれて，探索したり，作り出すことを楽しむうちに自分の思うものがつくれるようになる。すると「すてーきにするの（素敵にするの）」と言葉で表し，「何者かを実現しようとする意志」が現れるようになる。津守は，子どもが「素材にふれて，それを探索しながら，自分の感じ方やイメージを持つことから個性的な意志が生まれる」ことに触れ，子どもはその体験の前後で異なった自分となり，そこに子ども自身が感じる発達がみられると述べている。

保育の場において，生活としての遊びを大人が支えるとき，子どもが自分事として身近な事象を捉え，好奇心をもって探索しながら，自分の感じ方やイメージをもち，表現し，自身の変化を感じられることを大切にしていきたい。　［井上知香］

6.2 デジタルプレイ

新しいデジタル技術が家庭や保育現場に浸透しており，子どもの「遊び」が変化している。スマホやタブレットは，常時インターネットに接続され，子どもにも操作が容易なインタフェースとなっている。そこで昨今，子どもたちがテクノロジーを遊びの中に取り入れている活動が「**デジタルプレイ**」という用語で注目されている。その定義は研究者によって異なるが，大まかに言うと，「子どもたちがデジタル機器やスマートトイを使ったあらゆる遊びのこと」を指す。

1. デジタルプレイの可能性

幼児のICT利用に対し，保護者や保育者の考え方は賛否両論である。例えば，デジタルより現実空間での体験を重視する考えが挙げられる。しかし，**デジタルネイティブ**の子どもたちは，生まれた時からデジタルとアナログが入り混じった状況で区別をしていない。子どもたちは，遊びに利用できるさまざまなリソースを取り入れることで，伝統的な遊びとデジタルプレイを混ぜ合わせることに長けている。

また，「想像力を働かせる遊びは現実の世界で行う方がよい」と考えている人は多いが，デジタルプレイには現実には存在しない機会やファンタジーな世界を提供できるという強みがあるため子どもたちは想像を膨らませられるというメリットがある。子どもたちは，宇宙に浮かんだり，自分の農場を持ったり，海の中を探検したり，おかしなヘアスタイルを作ったりすることができる。

さらに，「デジタルデバイスは従来のおもちゃに比べて制限が多い」と感じる人もいるが，テクノロジーで新しい遊びも発生する。例えば，カメラを使って身近なものを面白い角度から撮影し，それが何かを当てるゲームなどで遊ぶことができる。スマートスピーカー[*1]が置かれる家庭も多く，スクリーンを伴わないテクノロジーで，遊びと学びにインスピレーションを与えることができる。子ども（大人も）が，答えられない質問を探したり，冗談を言ってみたりして，音声アシスタントと遊びながら交流できる。

デジタルプレイは戸外でも行うことができる。障害物コースを設定してリモコンカーを走らせたり，トランシーバーを持ちながら遊んだり，ブランコにカメラを装着して揺らし，違った角度から世界を見るなどして子どもたちは楽しむことができる。

＊1　スマートスピーカー
対話型の音声操作に対応したAIアシスタントを利用することができるスピーカー。

2. デジタルプレイのマルチモーダルという側面

子どもの生活にテクノロジーが浸透し，さまざまな遊びに統合された結果，デジタルプレイが**マルチモーダル**を強化しているという。マルチモーダルとは，複数のプラットフォームや様式において，概念やアイディアを探求し，さまざまな次元で表現する機会を指している。

例えば，お菓子作りのビデオを見たり，オモチャのお菓子作り道具で遊んだり，お菓子作りのシミュレーションができるアプリで遊んだりするほか，実際に親と一緒に本物のケーキを作ったりする場合がある。また，テレビ番組で物語を視聴しながら二次元のキャラクターに親しんだり，立体の人形でごっこ遊びをしたり，紙絵本やデジタル絵本において彼らについて読んだり，彼らの登場するアプリで遊ぶこともできる。さらには，キャラクターの塗り絵をプリントしたり，自分たちが描いたキャラクターをスキャンしたりすることもできる。

このような従来では行えなかったさまざまなリソースを用いた遊びの体験を通じて，新しいテクノロジーを適宜取り入れ，より豊かで多様な表現が可能になるという。

3. デジタルプレイを保育者がどうサポートするか

現在のデジタルメディアは，個々の子どもに合わせたフィードバックを提供できるほどの感度や技術はない。一緒に喜んだり考えたり，賞賛のまなざしを向けたり，励ましの言葉をかけたりするフィードバックは，周囲の保育者や友人が行うべきである。特に，操作が難しい場合は保育者の存在は大きく，以下のような支援が有効である。

・機器の接続や導入したアプリの概要・操作の説明を手助けするなどの**身体的サポート**

・新しい言葉を覚えたり，以前の出来事と結びつけたり，次の場面を予測したりするのを手助けするなどの**思考的サポート**

・褒めたり，チャレンジを励ましたり，フラストレーションや疲れに対処したりするなどの**感情的サポート**

遊びは，子どもの身体的，社会的，感情的，認知的（思考），創造的な発達に寄与するものである。デジタルプレイにおいても同様なものになるよう，保育者の関わりが重要である。

デジタルメディアを単なる娯楽のツールと認識するのか，自分の希望を達成する創造的な道具として認識するかどうかは，ICT との出会い方が大きく影響するという。後者となるよう，デジタルプレイが創造的な遊びの体験となるよう促し，楽しさを存分に味わう保育環境を提供していくことが大切である。　［佐藤朝美］

6.3 スウェーデン保育におけるデジタルプレイ

北欧スウェーデン王国のプリスクールは，1歳から6歳までの子どもを対象とした教育システムの一部であり，義務教育ではない。しかし，保護者が子どもの入園を申請した時点から5ヵ月以内にプリスクールに通う権利がある。6歳児が通うのはプリスクールクラスと呼ばれる小学校の中にある就学前のクラスで，2019年から義務教育化されたものである。

1. スウェーデンのナショナルカリキュラム

就学前学校カリキュラム（Lpfö 98）は，1998年に学校庁から交付された。2010年に改訂され，教育的側面と学校準備の側面が強調されるようになった。さらに，2018年にはすべての子どもに発達と学習を刺激するような方法でデジタルツールを使用する機会を提供すべきであることが追記されている。子どもたちが日常生活で出会うデジタルメディアについて理解を深め，十分なスキルを身につける機会を提供する教育が必要であるとしている。遊びに関しては，「遊びは子どもの発達，学習，幸福の基礎であるべきだ」（Lpfö, 2018）と記述されている。

2. 保育現場におけるデジタルプレイ

デジタルプレイに対する保育者の認識は，不安や抵抗を感じる者もいれば，ポジティブに取り入れようとする者もいるという。積極的にデジタルプレイを支援している保育者からは，デジタルプレイの3つの認識において以下の特徴が見出されている。

(1) デジタルプレイによる教育的機会の向上

デジタルプレイは，子どもの創造的な作業においてより多くの機会を提供し，ドキュメンテーション[*1]，情報源や教育的材料へのアクセス，新しい教育的活動の創造につながる。

＊1　ドキュメンテーション
イタリアのレッジョエミリア市の幼児教育で行われている保育記録の手法。子どもたちの活動を写真や動画，音声や文字などで視覚的に記録するというもの。

例えば，動画を見るだけでなく，自分たちで作ることで活動の幅が広がる。実践において，子どもたちが廃材を宇宙船に見立てて静止画を撮影し，編集して宇宙動画を作成するなどの活動がみられた。また，音楽ソフトを使い，周囲の音を録音しながら，楽器のように音を鳴らしていた。

さらに，子どもがドキュメンテーションの主体となり，記録の活動に参加するという。例えば，作品を壊す前に撮影をする，好きなものの写真を撮影して保育者に報告するなどの活動がみられた。

インターネットにより情報を得られることは，好奇心や意欲を高めるうえでも有効であるという。保育者とともに探索するだけでなく，年長になると子どものみで検索する様子もみられる。

タブレットとプロジェクターの組み合わせで，コミュニケーションやコラボレーションが可能になる。例えば，スクリーンに投影されたジェットコースターの映像を見ながらみんなで乗っている真似をしたり，北極の映像を投影すると，実際に箱を積み上げ，北極を再現する様子がみられた。また，昆虫を捕まえるゲームを壁に投影し，みんなで柔らかいボールを壁に向かって投げて捕まえようとする姿もみられた。

(2) 学習のためのデジタルプレイ

デジタルプレイは，就学前準備として，読み書き算数などの知識を遊びながら習得するために活用できるとともに，コミュニケーションやコラボレーションなどの社会性や，情報化社会で必要とされるスキルを身につけることを可能にする。

例えば，友達が登場する映像作りの過程で，勝手に撮影するのではなく，合意を得ることを通して，倫理や著作権について考える機会となる。ストップモーション*2 の映像を見ることで，映画作りの仕組みを理解したり，効果音の効果を体感することができる。

(3) 教育的活用を発展させるための方法

家庭と異なり，保育の場では一人で黙々と行うアプリではなく，活動の目的や目標に合わせて，意図的に使用することがよいとされる。アプリの選択も重要で，聴覚，視覚，身体的なコミュニケーションを可能にするアプリは，子どものエージェンシー*3，主体的な参加を促すことができる。また，クローズドなアプリとオープンエンドなアプリ*4 という２種類のアプリを区別する必要がある。前者は学習者が知識の消費者になり，後者は学習者が知識の生産者になるという考え方である。さまざまな解決策が考えられるオープンエンドのアプリを使い，探索し，解決策を見つけるために何度も試行錯誤することを大切にすべきである。また，キャラクターを題材にしたアプリ，広告つきの無料アプリ，アプリ内課金があるアプリを避ける方がよい。多文化の背景をもつ子どもとのコミュニケーション手段を提供するアプリも高く評価されている。

これまでの伝統的な遊びとデジタルプレイのバランスを取ることも大切で，どちらの遊びも提示し，選択してもらうことにより子どもたちの主体性を高め，さまざまな遊びを組み合わせるなど，子どもたちは工夫することを学んでいくという。

カリキュラムの改訂で，デジタルコンピテンシー*5 育成が必須の項目となったが，現状はデジタルプレイに対する多様な意見がある。今後は，デジタルプレイに関する教育的な知識と活動を制御するための実践的な知識を保育者が学べる環境を構築していくことが課題とされる。

［佐藤朝美］

*2　ストップモーション
静止している物体を１コマ毎に少しずつ動かして写真を撮影し，それらを再生することで，動いているように見せる映像技法のコマ撮り。

*3　エージェンシー
OECD Education 2030 をうけ日本の文部科学省は「自ら考え，主体的に行動して，責任をもって社会変革を実現する力」としている。

*4　クローズドなアプリとオープンエンドなアプリ
クローズドなアプリとは，アルファベットの学習などこれまでの紙ドリル学習をデジタル化したものである。それに対し，オープンエンドなアプリは，学習者をプロデューサーにするような，あらゆる学習活動をサポートするために使用できるアプリである。

*5　デジタルコンピテンシー
デジタルの使い方を知っている以上に，ICT の社会的な役割と技術をバランスよく理解し，ICT を使うことができる能力。

6.4 フィンランド保育におけるICT活用

1. リテラシー教育における ICT 活用

北欧のフィンランド共和国において 2018 年に示された幼児教育のナショナルカリキュラムには，幼児教育から基礎教育（~ 15 歳まで）のすべてのカリキュラムに共通する学びのねらいが明示されている。相互的につながりあったこの学びのねらいは，「人としてまた社会の一員としての育ち」を核としながら６つの領域で構成され（FNAfE 2018），子どもたちが生涯を通した学びの過程にあることを確認しながら，民主社会を担う一員として社会を継続し維持していくことのできる人としての育ちを育むことを目的としている（Halinen, Harmanen & Mattila 2015）。

その中のねらいの一つに，**マルチリテラシー**と ICT の活用の領域がある（図 6.1 参照）。該当するナショナルカリキュラムの箇所を引用しながら内容を確認していく[*1]

子どもや家族の日常生活，人と人との交流，社会参加において，マルチリテラシーと情報通信技術の能力が必要とされる。マルチリテラシーと情報通信技術の活用能力は，教育における子どもの平等性を促す。幼児教育のねらいは，これらの能力の発達を促進することにある。

フィンランドのナショナルカリキュラムにおいては，ICT（Information and Communication Technology）をマルチリテラシーとの関連で位置づ

＊1 フィンランドの保育動向を知りたい方はこちらから
「チャイルド・リサーチ・ネット」
https://www.blog.crn.or.jp/lab/01/106.html

＊2 図中の用語の英語表示
Growth as a human being and member of society
（上から時計回りに）
Thinking and learning
Cultural competence, interaction and self-expression
Taking care of oneself and managing daily life
Multiliteracy and competence in information and communication technology
Participation and involvement

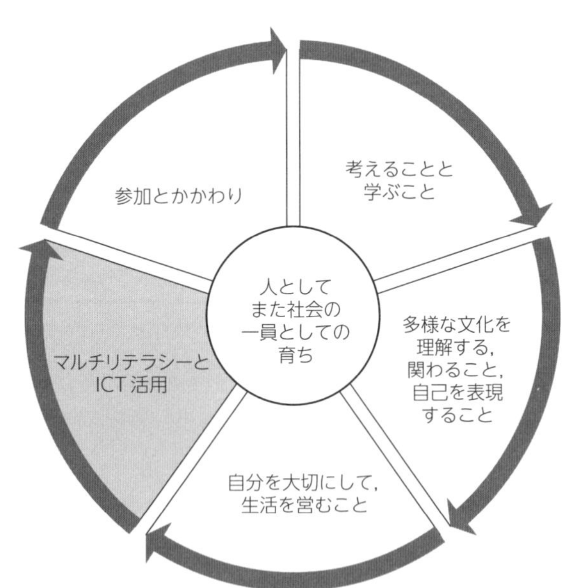

図 6.1 フィンランドの幼児教育における学びのねらい[*2]
（出所）National Core Curriculum on Early Childhood Education and Care（2018）より作成

けている。ここでいうマルチリテラシーとは，「文化的に多様なメッセージのやりとりや自身を取り巻く世界との相互作用を通して理解を深める観点から核となる能力」であると定めている。私たちは，日々さまざまな形で生み出される情報に触れ，また発信をしてコミュニケーションを図っていくが，子どももまた然りである。子どもたちは，「デジタルを含むさまざまな環境で，メッセージを探したり，使ったり，生み出すことができるようになる」とも述べられ，それが思考力や学習力につながっていくと捉えられている。また，大人がもつ文化を子どもに伝え，子どもが生み出す文化も大人が認める必要性にも触れ，大人と子どもが文化の共同構築者たちであることも確認している。

2. 保育現場での活用

直接的な指導に関しては，日常生活における ICT は子どもたちとともに試され検討される必要がある。実際，子どもの生活に関連したメディアの内容やその真実性を子どもと一緒に考えるメディア批判の機会を設けたり，メディアに関連した遊びや描画，演劇なども保育実践に生み出されている。

また，さまざまな ICT 機器やサービス，ゲームに親しむことも指導に含まれる。さらに，ゲーム，探索活動，身体活動，そしてアートの体験や表現に活用される可能性を示唆している。ICT を使った探究や個人および協働して行うものづくりの機会は，子どもたちの創造的思考，チームワーク，リテラシーを育てると位置づけられ，保育者は，ICT の多様かつ安全な使用方法を子どもたちに指導する存在として位置づけられている。

3. 社会とともにある ICT

1990 年代半ばより開始されたメディア教育としての ICT 活用の議論は，社会の成熟とともに発展してきた。現在は，その発展のためには，コンテンツ，方法，デバイス，テクノロジーの使い方とともに，身体的，社会的，文化的，世代的，感情的側面からのウェルビーイングそして共感，倫理やモラルとつながりあったリテラシースキルを上げることによる市民の参加，インクルージョン*3 および自律が求められている（Palsa, L. and Salomaa, S., 2019）。

＊3　インクルージョン
多様な人々が互いに違いを認め合い，一緒に生きる状態。

フィンランドの ICT はメディアリテラシー教育の一環として位置づけられ，子どもと大人がともに生活する保育現場の日々の活動に用いられている。その使用の際には，子どもと大人がともに検討しながら用いていく必要性が示されているといえるだろう。　［井上知香］

6.5 幼児期のデジタルシティズンシップ教育

1. デジタルメディアに関わるガイドライン

幼児期のデジタルメディア接触に対する「デメリット」やスクリーンタイムについて，さまざまな議論が行われている。米国小児科学会（AAP）は，2016年の声明「Media Education」において以下の推奨事項を挙げている。

- 18～24カ月未満の幼児は，ビデオチャット以外のデジタルメディアを避ける。
- 2～5歳の子どもは，スクリーンの使用を1日1時間の高品質な番組に限定する。

全米幼児教育協会（NAEYC）が2012年に公開したガイドラインでは，テレビなどの**受動的メディア**とタブレット端末などの**インタラクティブメディア**との切り分けを明確にしたうえで，乳幼児のデジタルメディア利用について，いくつかの観点を示しながら推奨している。

ガイドラインでは乳幼児期には創造的な遊びや外遊び，仲間や大人との社会的相互作用が重要であることを指摘している。デジタルメデイアが仲間や大人の代わりをするのではなく，社会的相互作用を支援・拡張するようにデジタルメディアを導入するよう，幼児教育者が専門的に検討していく必要性を強調している。

2. デジタルシティズンシップ教育

このような状況において，大人が子どもを規制するのではなく，子ども自身にスキルを身につけてもらう**デジタルシティズンシップ教育**という考え方が広まっている。デジタル時代のシティズンシップ活動はデジタル技術抜きには考えられないという背景のもと，デジタル技術を用いて市民社会に参加しようとする人（デジタルシティズン）を育成するというものである。デジタルシティズンシップ教育は，**安全**（Safe），**責任**（Responsible），**他者への尊重**（Respectful）という3つの原則がある。これまでの情報モラル教育はルールを重視する立場であるのに対し，デジタルシティズンシップ教育は子どもたちに注意を喚起し，ルールで縛ろうとするのではなく，具体的なスキルを身につけることに着眼し，自分で考えて身を守る力を養うことを目的にしている。

3. 幼児を対象にしたデジタルシティズンカリキュラム

デジタルシティズンシップ教育には，アメリカのNPO，コモンセンス[*1]がハーバード大学大学院の研究組織プロジェクト・ゼロと協力して開発したカリキュラム教材がある。幼児を対象とした教材[*2]は，以下３つの項目から構成され，それぞれに学習目標と映像教材が準備されている。

*1　コモンセンスには，メディア部門と教育部門があり，教材を開発しているのは教育部門（コモンセンス・エデュケーション：Common Sense Education）である。

*2　コモンセンス・エデュケーション「Digital Citizenship Curriculum」 https://www.commonsense.org/education/digital-citizenship/curriculum?grades=K

(1) メディアバランス

オンラインアクティビティとオフラインアクティビティのバランスを取ることは重要である。

映像教材「Media Balance Is Important」[*3]

学習目標

- デジタルデバイスをいつ，なぜ中断するのか理解する。
- 楽しく活動している時でも，周りにいる友達の気持ちを考えることができる。

*3　映像教材「Media Balance Is Important」 https://www.youtube.com/watch?v=ikzY4NQeR1U

(2) デジタルメディア使用のコントロール

テレビを見たり，タブレットで遊んだり，デジタルメディアの使用時間はとても楽しい。オンラインからオフラインへ移行するのが難しい場合がある。そこで，デジタルの中断の簡単な手順を知ることは重要である。

映像教材「Saying Goodbye to Technology」[*4]

学習目標

- デジタルデバイスを使用する際に，なぜ人に気を配り尊重することが重要なのかを学ぶ。
- デジタルデバイス使用から，対面での交流に移行する際の自己調整の方法として，「一時停止，呼吸，仕上げ」のルーチンを学ぶ。

*4　映像教材「Saying Goodbye to Technology」 https://www.youtube.com/watch?v=mq2INs6PQqs

(3) インターネット上の安全

インターネットでは，実際に行くことができないような場所を訪問できる。しかし，現実の世界と同様，オンラインでも安全に旅することが大切である。バーチャルな遠足で，安全に過ごすための練習をすることができる。

映像教材「My Online Neighborhood」[*5]

学習目標

- インターネットを利用して，遠く離れた場所に行き，新しいことを学べることを発見する。
- ネット上での安全確保が現実世界での安全確保とどのように似ているかを比較する。
- インターネットで安全に旅行するためのルールを説明する。

［佐藤朝美］

*5　映像教材「My Online Neighborhood」 https://www.youtube.com/watch?v=vNpkUyEOa_8

【発展問題】

・実習先の園の ICT 活用の事例を共有してみよう。
・創造的なデジタルプレイはどのようなものか考えてみよう。
・デジタルメディアを用いた保育を行う場合，子どもたちとどのようなルールを作ったらよいか，考えてみよう。

【推薦文献】

・**津守眞・津守房江（2008）『出会いの保育学ーこの子と出会ったときから』ななみ書房**

子どもの心の揺れ動きを，身体の小さな表現として受け止めている事例を，ともに対話形式で読み進めることができる。皆さんが出会っている子どもの姿も自ずと思い浮かんでくることだろう。

・**「園と家庭をつなぐ ICT 環境・活用ガイドブック」**

(http://hotta-lab.info/kids/2021/guidebook2021.pdf)

（2021 ～ 2023 年度 科学研究費・基盤研究（B）「幼児の遊びを止めない！幼児教育での ICT 活用におけるフレームワークの構築」〔研究代表者・園田学園女子大学　堀田博史〕より）

園の ICT 化についてわかりやすくまとめてある。具体的な活動に加え，保護者との連携に向けた注意点や子どもの利用に関する配慮についても掲載されている。

コラム　園への ICT 導入の流れ

近年，日本の保育の場においても，少しずつ ICT が導入されていますが，その形態には 3 つの流れがあると感じています。

ひとつ目はそもそも ICT が得意で可能性を感じている先生(園の責任者)の創意工夫しながらの実践です。先生自身がさまざまなアイディアを思いつき，新しいテクノロジーを取り入れる様子が見られます。

2 つ目はアプリ制作会社が提供するアプリやカリキュラムを導入する方法です。ICT に抵抗がある保育者もカリキュラムに沿ってアプリや実践を行えるので，子どもたちのデジタル体験を定期的に取り入れることが可能です。

3 つ目は遊びを中心とした自由保育の場に ICT を取り入れる方法です。子どもたちが従来行っていた遊びに，ICT をどのように取り入れればよいのか？保育者と子どもが試行錯誤しながら遊び込む姿が見られます。

就学以降の教科教育の中での ICT 活用と異なり，3 つ目の遊びを増幅するための ICT 活用は，幼児期だからこその特権であり，表現の道具として認識するためのとても大切な導入です。ただし，保育者の ICT に関わる知識や引き出し，導入方法のスキルが必要とされます。今後は保育者が学んだり，情報を共有したりできる環境が大きな課題となると考えます。

［佐藤朝美］

第7章 園務における ICT 活用

保護者や保育者同士の情報共有は，子どもの育ちを見取り支えるうえで，重要なことだ。こうした情報共有のみならず，毎年のように発生する保育中の痛ましい事故を防止する手だて，そして保育者の労働環境の改善や専門性の向上に，ICT はどう寄与するのだろうか。

7.1 園務とは

幼稚園・保育所・こども園（以下，「園」と呼ぶ）におけるICT活用場面については，①保育内容のICT化，②子育て支援のICT化，③園内事務のICT化の3項目に分類して論じることができる（二宮・富山，2020）。①は子どもに向けて，②は保護者に向けて，③は園職員に向けての業務である。

保護者が毎日子どもを園まで送迎し，自宅での子どもの様子と園での子どもの様子を日々密に共有し，生活の連続性を大切にする傾向が強いため，小学校・中学校・高等学校に比べて園では「子育て支援のICT化」がより強調される傾向にある。保育そのものに関わる「保育内容のICT化」については第6章でみてきているので，本章では，「子育て支援のICT化」と「園内事務のICT化」の2点を中心にみていこう。

1. 子育て支援のICT化　―保護者との情報共有―

在園児の保護者との情報共有には，園の保育や諸連絡等を保護者に向けて情報発信する場合と，保護者と双方向コミュニケーションをとる場合とがある。

園の保育を保護者に伝える際には，従来は，園内の壁面掲示コーナーを活用した日々の紙面でのおたより掲示が主流であった。また，ホームページ・ブログの利用による写真掲載も行われてきた。最近では，SNSを活用した保育の様子の発信であったり（図7.1に例示），専用アプリを用いた写真付き保育記録もしばしば活用されるようになった。

従来から，睡眠・食事・排泄・体温等といった子どもの生活の様子を保

図7.1　SNSを用いた保育園の様子の発信例

（出所）風の丘めぐみ保育園提供

護者がノートに手書きで書いて登園時に園に提出し，降園時には保育者が園での生活や遊びの様子を書いて，家庭と園とで情報を交換する「連絡帳」が保育所で多く利用されてきた。しかし昨今，ICT 機器による情報交換の利便性などから，連絡帳をアプリ化している場合も増えてきた。図 7.2 に，連絡帳アプリの例（ユニファ「ルクミー連絡帳」）を示す。

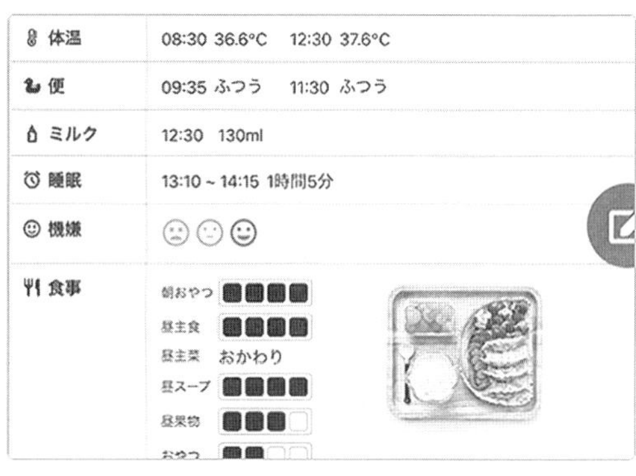

図 7.2　連絡帳アプリ「ルクミー連絡帳」の画面例
（出所）ユニファ「ルクミー連絡帳」HP（https://lookmee.jp/combook/）より

アプリなどの ICT を用いることにより，保護者が通勤途中など場所を問わずに連絡帳に入力できる利便性や，写真を添付することで手書きの文字のみでは伝わりづらかった日中の子どもの様子がみえやすくなる。幼少期だからこそ紙面での保育者とのやりとりを大切にしたいという保護者のニーズや園の考え方も一部あるものの，ICT 化することで保育者がもっと子どもと向き合う時間を創る時間の確保にもつながる。導入の際には，子どもにとっての一番は何かをよく考えて，園と保護者との間で使い方を検討することが必要である。

2. 園内事務の ICT 化

最近の保育所では，統合型園務支援システムの導入が進んでいる。①登降園管理機能（園児の出欠・登降園時刻を管理），②帳票管理機能（保育記録や保育計画等の作成機能）を有するシステムが多い。①の登降園管理ではクラウドサーバー等に接続した端末で登降園時刻をシステムに入力すると（図 7.3），延長保育料金が自動計算される。この機能を導入することで，延長保育料計算にかかっていた園内事務時間が大きく軽減される。

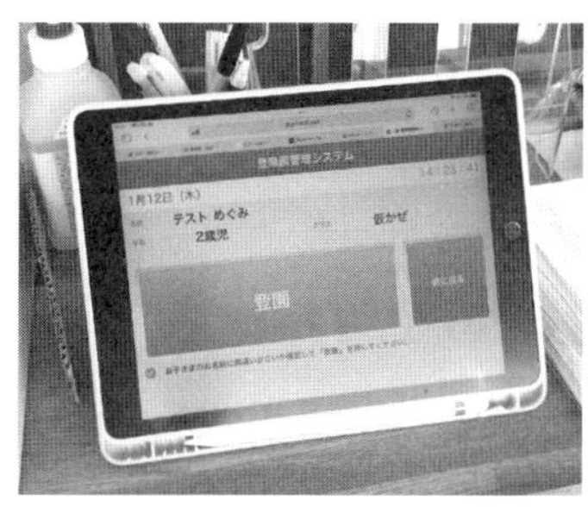

図 7.3　登降園管理システムの例
（出所）風の丘めぐみ保育園提供

保育記録や保育計画等の作成に関わる②の帳票管理機能については 7.3 節でふれることとする。

また，図 7.4 にみられるような保育所の入門セキュリティ機能は，昨今，非常に普及している。図 7.4 は保護者が園から貸与されたチップをかざすタイプの入門セキュリティである。園児はとても幼く，外部からの侵入者があった場合に対処することは現実的には難しい面がある。保育所は，小学校以上の学校とは異なり毎日保護者が送迎する場であるが，祖父母や高校生以上の兄姉，降園後の遅い時間までの保育の委託を受けた業者等による送迎等もあり得る場である。このように特定の鍵を所有している者にしか入門できないようにしておくことで，防犯セキュリティを高めることが有効と考えられる。

［富山大士］

図 7.4　園の入門セキュリティ例
（出所）風の丘めぐみ保育園提供

7.2 健康管理への活用

1. 園児の午睡時健康チェックの際の，午睡センサーの活用

何事もなく元気な乳児が，眠っている間に突然死亡してしまう「乳幼児突然死症候群（SIDS：Sudden Infant Death Syndrome）」については，睡眠中のうつぶせ寝が高リスクであることがわかっている。午睡時の呼吸チェックが保育所保育士には義務づけられており，0 歳児は 5 分に 1 回以上，1 ～ 2 歳児は 10 分に 1 回以上（東京都の示す基準）の呼吸チェックが義務づけられている。

すべての対象児の呼吸チェックを保育士が行うことが必須であることはいうまでもない。しかし，より午睡チェックを確かなものにするために，市販されている午睡チェッカーを使用する保育所は多い。

一商品例として，株式会社ユニファの販売する「ルクミー午睡チェック」について説明する。「ルクミー午睡チェックができること」（商品ホームページより）として，「おなかに取り付けたセンサーが体動を検知」と記されている。また，乳児の体の向きをチェックして「アプリが体の向きをチェック表に自動記録」するとともに「うつ伏せ寝が続いた場合や体動静止状態が続いた場合，アラートですぐにお知らせ」する仕様であることが示されている。

このような機器を併用して，午睡時健康チェックをすることはもちろん望ましいことである。しかし最終的には，保育士が責任をもって胸の上下動を含む呼吸チェックをすることが大前提であり，機器に任せてしまうことは決して避けなければならない。ICT 機器の故障の可能性や，バッテリー切れなど，電源供給が万一機能していないことまでも想定して，園児の命を守るのは保育士であることを肝に銘じることが必要である。あくまでも機器の併用は，保育士による点検のサポートのためであり，ヒューマンエラーの可能性を低減するためのものであることは決して忘れてはいけない。

2. 保育ヒヤリハットを統計的に捉え，保育の重大事故を予防する

1 件の重大事故の背景には，重大事故にまでは至らなかった小さな事故が多数隠れているといわれている（ハインリッヒの法則）。

保育施設においても，ヒヤリハット報告書（ヒヤリとした軽微な危険状況）が多数の園で書かれているが，その報告書を単に保管しておくだけではなく，どのような時間帯に（When），どのような場所で（Where），誰が（Who），何で（What），何が原因で（Why），どのようにして（How），ヒ

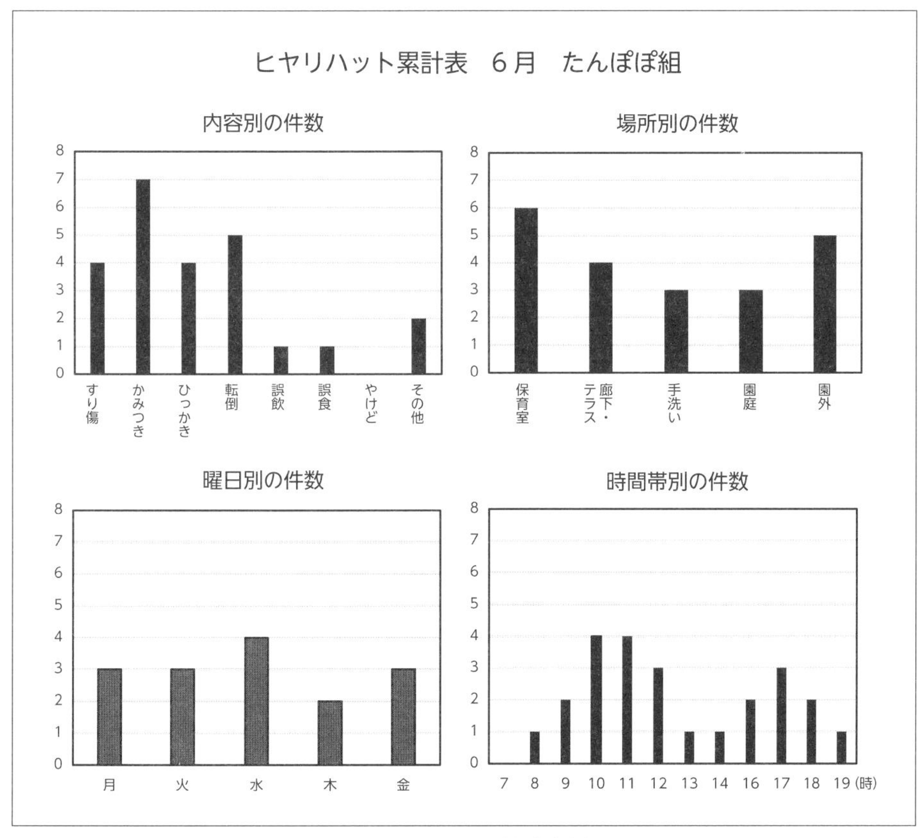

図 7.5　ヒヤリハット集計表例

ヤリハットが起きやすいのか，丁寧に分析することが重要である。

ヒヤリハット報告書を，どのようなヒヤリハットであれ同一の定型フォームで入力できるように整え，オンラインフォーム等（例：Google Forms など）で入力して，表計算ソフトに読み込んでいくことで効率よく分析することができる。

図 7.5 に，ヒヤリハット集計表例を示す。図 7.5 のようにその月のヒヤリハットを集計してまとめることで，自分の勤務園でのヒヤリハットの傾向がわかりやすくなる。例えば図 7.5 に例示されたヒヤリハット集計表を見ると，内容別の件数としては，かみつき・転倒・すり傷・ひっかきが多いことがわかる。また，場所別の件数としては，保育室内と園外が多いことも読み取ることができる。時間帯別の件数としては，10 ～ 11 時台にピークがあり，17 時台に再びピークがみられる。園児が活発に活動する午前 10 ～ 11 時台と，長時間保育で疲れているが，まだ親が迎えに来ない 17 時頃にヒヤリハットが起きやすいことがわかる。

ヒヤリハットの集計結果から判明した傾向を理解し，自園での事故の起きやすい状況を検討し対策を立てることが重要である。　［富山大士］

7.3 文書作成・管理への活用

1. 保育記録の作成に関するICTの活用

7.1の2.「園内事務のICT化」で少し触れたように，最近の保育所では，統合型園務支援システムの導入が進んでいる。セットパッケージとして，保育記録や保育計画等の作成機能がついている商品もある。

＊1　保育ドキュメンテーション　子どもの姿を写真とエピソードを用いて表現した保育記録のこと。保育ドキュメンテーションをもとに保護者に保育の様子を説明したり，保育者同士が語り合うきっかけとして使用される。

保育記録については，パッケージ販売の場合には一般的な園で共通して使えることを目的に開発された汎用版を使用することになる。もちろん，この保育記録作成機能を使用する園も多数ある。ただ，保育記録は園の重視する考え方が色濃く出る書類であり，保育の専門性が発揮されやすい書類でもある。「書きやすく読みやすい」ような形式に市販パッケージアプリケーションをカスタマイズするまでには至らずに，汎用のPCにインストールされているワードプロセッサソフトやプレゼンテーションソフトなどを使用して，自分たちが書きやすく，保護者や同僚保育者等の記録を読む人たちが使いやすいフォームを考え，工夫して作成する保育者も多数いる。

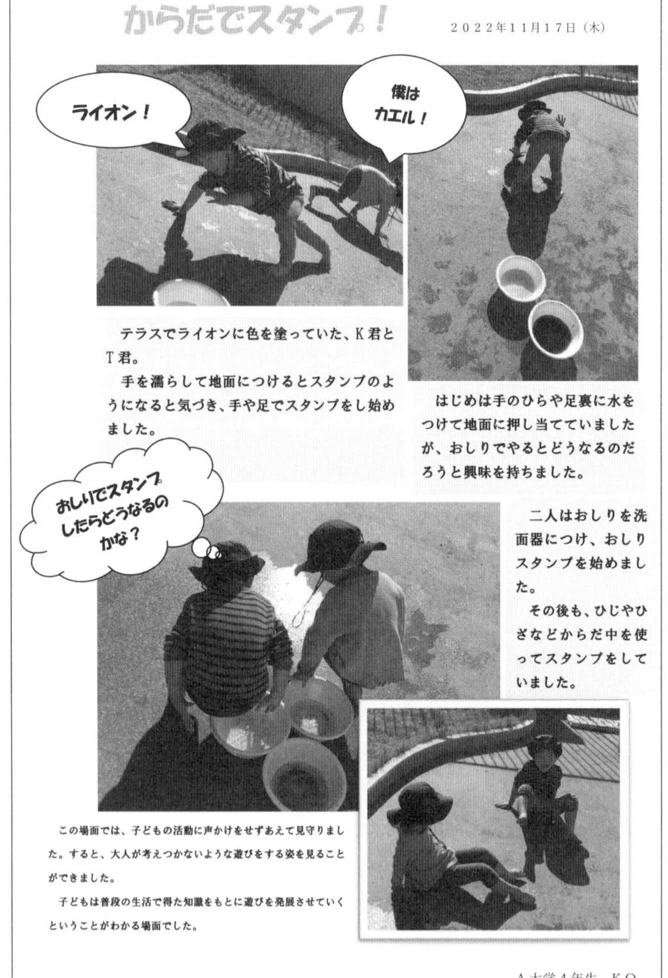

図7.6　保育ドキュメンテーションの一例

写真を用いた保育記録である**保育ドキュメンテーション**[＊1]の一例を図7.6に示す。多くの園でこのように保育の記録を作成し，子ども理解を深めて今後の保育計画の改訂修正に向けて活用している。ここでは，保育中に聞き取った園児の言葉を吹き出しの形にして記録を作成している。いろいろな園の考え方に合わせられるような汎用的な記録形式のパッケージアプリケーションを開発するのは現実的には難しく，このように園の方でオリジナル形式の記録を作成している場合もあるのが実情である。

業務効率化の視点と，保育者としての専門性をもって見える化をしようとする視点の両者のバランスで，保育記録の作成が行われている。

2. 保育記録の適切な管理に関するICTの活用

日々の保育記録を電子的に書き進めていく中で，保育記録の管理が問題となる。毎日できあがる保育記録の電子データをどのように整理・活用していくかが，さらに質の高い保育を目指した保育計画作成のうえで非常に重要になる。

ファイル名の工夫やフォルダ分けを工夫することも重要だが，保育記録の電子ファイルの適切なタグづけ（キーワードをつけて検索しやすくする機能）をすること等によって，その記録の検索性が向上する。ビジネスチャットツール（例えば，Chatwork［Chatwork株式会社］やSlack［株式会社セールスフォース・ドットコム］など）を併用することで，保育記録の検索性を向上する取り組みをしている園も見られる。

3. 保育計画作成へのICTの活用

保育記録をもとに保育計画を作成するにあたって，パッケージアプリケーションを用いて，半自動的に計画作成できる商品が多数開発されている。

ChildCareWeb［ChildCareWeb Inc.］では，すべての子どもの個人発達を総合的に記録していくことで，発達を科学的に捉えて保育記録を解析できるような取り組みがなされている。例えば，同製品の機能の一つである「発達通過率グラフ」は，ホームページで次のように紹介されている。

発達通過率グラフ[＊2]

例えば，「自分－相手－もの，いわゆる３項関係的な交渉が現れてくるのはいつ頃か」など，経験的なエビデンスにもとづきながら感覚的に判断されることが多かった発達に対する時期的な評価の妥当性を裏付けていく機能です。

ChildCareWebを通じて記録されたチェック結果をもとに，すべての発達項目の発達通過率を算出しグラフ化。経験と科学の両輪で発達を捉えていく重要な手がかりをご提供いたします。

＊2 「ChildCareWebの機能」(https://home.childcareweb.jp/)より

保育計画の作成においては，「子どもの発達過程を見通し，生活の連続性，季節の変化などを考慮」し，「一日の生活のリズムや在園時間が異なる子どもが共に過ごすことを踏まえ，活動と休息，緊張感と解放感等の調和を図るよう配慮」[＊3]する必要がある。ICTツールを用いて発達過程の見通しを立てることは効率的で有用であるが，ツールによって半自動的に作成される保育計画をそのままうのみにし過ぎることなく，各家庭との連携等も含めて保育者が総合的に判断して，最終的な保育計画を作成することが重要である。

［富山大士］

＊3　保育所保育指針第１章総則より

7.4 ICTを使った保育業務の振り返りとICT活用の展望

1. ICTを使った保育業務の振り返り

厚生労働省の「保育所における自己評価ガイドライン（2020年版）」の「4．（4）自己評価に当たって考慮すべき事項」には，「計画的・効率的・継続的な評価」の大切さが記されている。その一つとして「評価の取組を効率的に実施する」ための工夫として，「例えば，ICT（情報通信技術）の活用により日々の振り返りや中長期の振り返りの内容等をまとめて管理・参照できるようにする」と記されている。

この記述には，サーバー等に日々の振り返りを保存して，閲覧可能な状態にしておき，同じ法人内の各保育所の保育士が各々に参照する「非同期的な参照」ができるような取り組みと，Zoom・Webex等のテレビ通話等を通じて同じ法人傘下の複数の保育所から参加する保育士集団がオンライン上で同時に顔を合わせての「同期的な参照」の両方を行う意図が含まれていると考える。

図7.7は，法人内の他保育所との遠隔会議の様子である。各園でこのように集合しながら，同じ法人内の他園の職員と「同期的」に繋がり，同期的に情報を参照・共有し振り返っている姿である。

図7.7　法人内他園との遠隔会議
（出所）うらら保育園提供

その他，セキュリティの保たれたサーバー・クラウドに置いた電子情報を，法人内の職員が共同利用する姿は，保育業界でも比較的多くみられるようになった。

従来，苦手意識をもってなかなかICTの活用に積極的ではない保育者の姿がしばしばみられたが，保育士不足対策としての業務効率化補助金の保育所への助成に加えて，新型コロナウイルスの流行による感染予防のためのソーシャルディスタンス確保の2点が追い風になり，保育界におけるICT化の推進が思いがけず進んだと考えられる。

2. 保育業界でのICT活用の展望

保育業界においては，保育そのものにせよ園務にせよ，ICT活用の方向性がなかなかみえない時代が続いていたが，コロナ禍を経て，保育者の研修としてオンデマンド教材の閲覧研修や，Zoom等によるオンライン研修が数多くみられるようになった。コロナ禍による，ピンチをチャンス

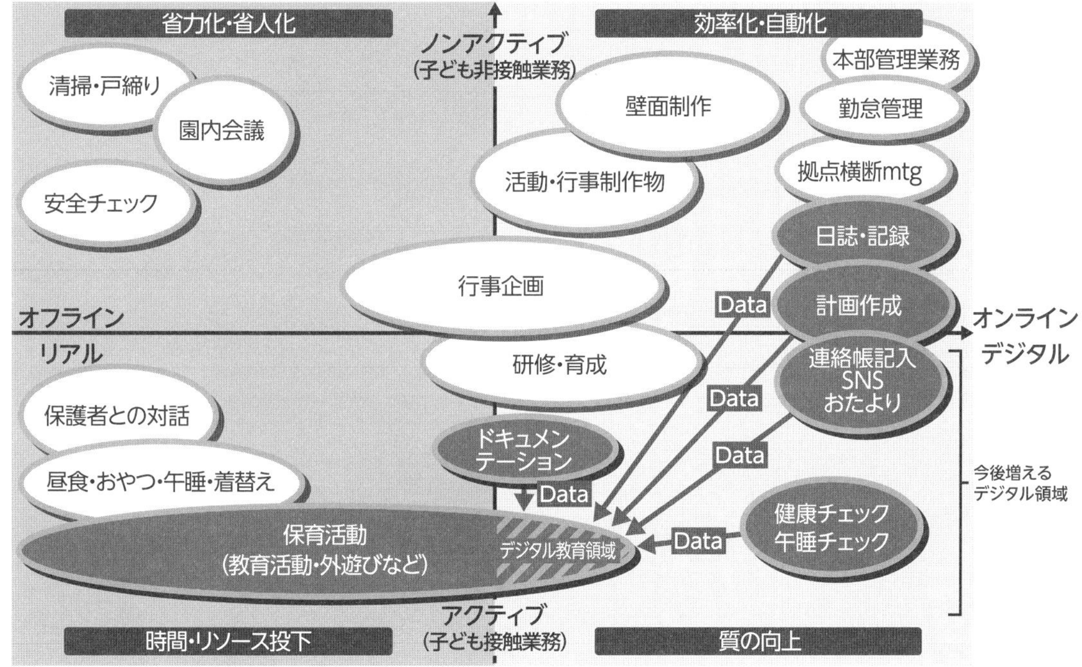

図 7.8　保育サービスとデジタル化

（出所）大嶽（2021）p.177 より

に変えてきたといえよう。

図 7.8 には「保育サービスとデジタル化」と題して大嶽広展が図式化した今後のデジタル化の方向性が示されている。

横軸は右側に行くほどデジタル化が進行した状態，縦軸は上側に行くほど子どもとの直接の関わりが少ない状態を示している。

従来の保育界は，直接体験の大切さを強調するあまり，デジタル化を避ける空気があったと思われる。しかし，あらためて図 7.8 のように保育業務全体を俯瞰すると，従来着手してこなかった保育記録・計画作成・連絡帳・午睡チェック等にも近年デジタル化を推進する動きが活発化していることがわかる。

もともと ICT 操作に苦手意識をもつ人が多い保育業界であったが，コロナ禍や保育士不足による多忙といった事情を追い風に急速に ICT が導入された。今後 , さらに積極的に活用していくのか，やはり手書き等のアナログ操作の方が便利だと一時的な ICT 利用ブームに留まってしまうのか。これからの若い世代の動きに期待したい。　［富山大士］

【発展問題】

・さまざまな企業が統合型園務支援システムを開発している。実際に開発されたシステムについてインターネットで調べてみよう。複数のシステムを調べ，その機能などを比較してみよう。

【推薦文献】

・大豆生田啓友・おおえだけいこ『日本版保育ドキュメンテーションのすすめ―「子どもはかわいいだけじゃない！」をシェアする写真つき記録』小学館，2020年

保育現場における保育ドキュメンテーションの実例が多数採りあげられている。保育ドキュメンテーションの作成法のみならず，保育ドキュメンテーションを活用した保育の振り返りについても丁寧に解説されている。

・埼玉県総務部学事課幼稚園担当『ICT化で！　幼稚園大革命～園務改善のためのICT化事例集～』2020年

(https://www.pref.saitama.lg.jp/documents/184039/ict-jireisyu.pdf)

園務支援システムの導入事例が掲載されている。導入した経緯，成果，導入したシステムの要件だけでなく，初期費用やランニングコストについても掲載されている。

第8章 特別な支援が必要な子どもとICT

一口に特別支援教育といっても，特別な支援が必要な子どもの抱える困難さはさまざまである。本章では，個々の障害の特性に合わせたICT活用の方法について説明する。各障害において子どもたちがどんな困難さを抱えているのかをイメージしながら読み進めてほしい。

8.1 特別支援教育におけるICT活用

1. 特別支援教育とは

2007（平成19）年4月，特別支援教育が学校教育法の中に位置づけられ，幼稚園や小中学校を含めたすべての学校において，障害のある幼児児童生徒の支援をさらに充実させていくことになった。これに伴い，文部科学省は「特別支援教育の推進について（通知）」を通して，我が国の特別支援教育に対する基本的な考え方を示した。この通知の中で，特別支援教育は次のように説明されている。

> （特別支援教育とは）
> 障害のある幼児児童生徒の自立や社会参加に向けた主体的な取組を支援するという視点に立ち，幼児児童生徒一人一人の教育的ニーズを把握し，その持てる力を高め，生活や学習上の困難を改善又は克服するため，適切な指導及び必要な支援を行うものである。
>
> （文部科学省，2007）

特別支援教育の対象は「障害のある幼児児童生徒」とされているが，これは知的な遅れのない発達障害も含めて，特別な支援を必要とするすべての幼児児童生徒を指す。つまり，通常の学級であっても特別な支援が必要な子どもが在籍しているのであれば，適切な指導および必要な支援を提供しなければならない。通常学級に在籍し，発達障害の可能性がある児童生徒の割合は8.8%といわれており，これは35人の学級に3人は発達障害の可能性がある児童生徒が在籍していることを示している。それらの児童生徒のうち，障害による学習上または生活上の困難を改善・克服するために通級による指導を受けている児童生徒は全国で約16万3,000人に上る（2021年度時点）。2011年から2021年の10年間で2.5倍に増加しており，すべての児童生徒数におけるその割合は1.7%となっている（文部科学省，2021a）。我が国の義務教育段階の子どもの人口が減少傾向にある中で，特別な支援が必要な子どもの数は増え続けており，すべての学校において対応が求められている。

文部科学省の諮問会議の「新しい時代の特別支援教育の在り方に関する有識者会議報告」（文部科学省，2021b）では，これからの特別支援教育の方向性を示す柱の一つとして，ICT利活用等による特別支援教育の質の向上が挙げられている。特別支援教育を推進するにあたり，ICTを使った指導・支援を実践することの意義と基本的な考え方として，「障害の状態や特性及び心身の発達の段階等に応じて活用することにより，各教科等の学習の効果を高めたり，障害による学習上又は生活上の困難を改善・克服するための指導に効果を発揮したりすることができる重要なもの」としている。**指導内容の充実**の他，**卒業後の社会参画**や**生活の質（QOL）の向上**など，幅広い視点から学校で ICT を活用することの必要性を指摘している。

2. 特別支援教育における ICT 活用

特別支援教育における ICT の活用は，特別支援学校，特別支援学級，通級による指導，通常の学級など学校や学級を限定することなく，あらゆる場面において，個々の障害の状態や特性などに合わせて行われている。特別支援学校の学習指導要領には，その総則で，「コンピュータや情報通信ネットワークなどの情報手段の活用について，こうした情報活用能力の育成もそのねらいとするとともに，人々のあらゆる活動に今後一層浸透していく情報技術を，児童生徒が手段として**学習や日常生活**に活用できるようにするため，各教科等においてこれらを適切に活用した**学習活動の充実**を図ること」「児童生徒の学習を効果的に進めるため，児童生徒の障害の状態や特性及び心身の発達の段階等に応じてコンピュータ等の教材・教具を創意工夫するとともに，それらを活用しやすい学習環境を整えることも大切である」ことが示されている。

障害のある児童生徒に対して，ICT を活用し効果的な学びを提供する方法について，2021（令和 3）年に文部科学省がまとめた「障害のある子供の教育支援の手引～子供たち一人一人の教育的ニーズを踏まえた学びの充実に向けて～」[*1] の中で一部紹介されている。同資料を参考に，障害種ごとの ICT 活用方法について**表 8.1** にまとめた。次節では障害種ごとにその活用について見ていきたい。　［原田晋吾］

＊1　文部科学省（2021）「障害のある子供の教育支援の手引」（https://www.mext.go.jp/a_menu/shotou/tokubetu/material/1340250_00001.htm）は，2022 年 3 月に書籍版が発行されている。

表 8.1　障害特性に応じた ICT 活用

視覚障害者	視覚情報の保障を図るために，画面拡大や色の調整ができるディスプレイ装置や，読み上げソフトウェア等を利用する。学級間交流を行うためにオンライン上で交流機会を設ける。点字を使用する子どものために，点字と通常の文字を出入力できるよう工夫されているパソコンや点字携帯情報端末を導入する。
聴覚障害者	保有する聴覚を活用するために，補聴器や人工内耳等の装用，補聴援助機器の活用を行う。授業中の発話を見える化するためのパソコン要約筆記や音声文字変換システムなどを用いて情報保障を行う。教室等の聴こえの環境整備として，補聴援助機器を活用するための Bluetooth 機器との接続や視聴覚教材の字幕提示等を行う。
知的障害者	知的発達の遅れに応じたわかりやすい指示や教材・教具を提供するためにパソコン等を活用する。適切に意思を伝えられるように，タブレット端末に入れた写真や手順表などの情報を手がかりとすることや，音声出力や文字・写真など，代替手段を選択し活用したコミュニケーションができるよう指導する。
肢体不自由者	言語の理解と表出，コミュニケーションの補助的手段として，必要に応じてトーキングエイドやコンピューター等の情報機器を用いる。上肢の障害のために書字動作やコンピュータ等の操作に困難が伴う場合は，ICT や AT（Assistive Technology：支援技術）を用いて入出力装置の開発や活用を進め，主体的な学習活動を促す。
病弱者	病気等のために移動範囲や活動量が制限されている場合に，メール交換や web 会議システム等の活用により，間接的な体験や他の人とのコミュニケーションの機会を提供する。入院による日常生活や集団活動等の体験不足を補うために，VR 動画等の活用，web 会議システムによる遠隔地の友達と協働した取り組みを行う。

（出所）文部科学省（2022）を参考に作成

8.2 障害特性に応じたICTの活用

表 8.1 に示した通り，ICT は特別支援教育の中で児童生徒一人ひとりの障害の状態や程度に応じて幅広く活用することができる。障害のある子どもは生活や学習を行う中でさまざまな困難に遭遇するが，重要なことは，「障害があるから活動に参加できない」というように，できない原因について考えるのではなく，「どうしたら活動に参加できるか」というように，その一部でも参加するための方法について考えることだろう。障害のある子どもの学習活動への参加を支える際に，ICT は非常に重要な役割を果たす。本節では，各障害の主な特性と ICT を活用した学習支援の一部を紹介する。

1. 視覚障害教育での活用例

視覚障害とは，視機能の永続的な低下により，学習や生活に困難がある状態をいう（文部科学省，2022）。その中でも，両眼の矯正視力がおおむね 0.3 未満のものまたは視力以外の視機能障害が高度のもののうち，拡大鏡等の使用によっても通常の文字，図形等の視覚による認識が不可能または著しく困難な程度のものは，特別支援学校（視覚障害）の就学対象[*1] となる。視覚障害は「視力障害」「視野障害」「色覚障害」「光覚障害」に分類される。視力障害は，視覚を活用することが困難な「**盲**」と，十分に見えない「**弱視**」に分けられる。盲の児童生徒の多くは特別支援学校に在籍しており，点字の利用など，主に聴覚や触覚を使って学習を進める。弱視の児童生徒は，**拡大した文字や補助教材**を使いながら，主に視覚を使って学習を進める。盲と弱視いずれの児童生徒においても，学習を進めるうえで ICT を活用することが有効である。

＊1　学校教育法施行令第 22 条の 3 にて定められている。

弱視の児童生徒に指導を行う際に，使用する教科書やプリントに記載されている情報を拡大することは，従来から行われてきた支援法のひとつである。例えば，A4 サイズの用紙を A3 サイズに拡大コピーして示したり，使用する教材の文字のフォントを大きくして印刷したりすることなどがこれに該当する。これらの教材を作成するには，テキストや画像を編集する機能が備わっているアプリケーションや，編集したものを出力するための大型プリンターなどが必要である。しかし最近では，PC やタブレット端末で設定・操作を行えば，**テキストや画像を手軽に拡大表示**させることができるようになった。画面上のテキストや画像を広げるように 2 本の指を離していき，画面を拡大させる操作をピンチアウトと呼ぶが，この操作により送られてきたメッセージや，インターネット上の情報，カメラで撮

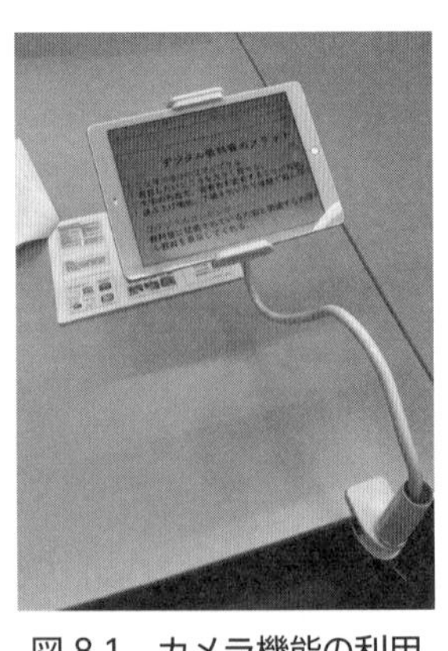

図 8.1　カメラ機能の利用

影した写真を拡大して見ることができる。特に，カメラで撮影した画像を拡大する機能は，スマートフォンなどのモバイル端末で手軽に利用できるためあらゆる場面で活用できる。端末をスタンドやアームで机に固定すれば，カメラ機能を拡大鏡として利用することも可能となる（図8.1）。

2. 聴覚障害教育での活用例

聴覚障害とは，身の周りの音や話し言葉が聞こえにくかったり，ほとんど聞こえなかったりする状態をいう（文部科学省, 2022）。その中でも，「両耳の聴力レベルがおおむね60デシベル（静かな車内で普通の会話をするときの大きさ）以上のもののうち，補聴器等の使用によっても通常の話声を解することが不可能又は著しく困難な程度のもの」は，特別支援学校（聴覚障害）の就学対象となる。聴覚障害の児童生徒への指導を進めていくうえで最も重要なことは，聞こえにくさに応じて**視覚的な情報の提供**を行うことだろう。必要な情報を視覚的に伝えるための教材・教具，情報機器を用意し，それらを有効に活用するような工夫が必要である。例えば，身振りや手話の利用，板書，テキスト教材，字幕提示などの文字情報を利用することは，視覚的な情報を提供する方法のひとつである。さらに近年では，授業中に教師の発話をリアルタイムで見える化するために，**音声文字変換システム**を利用することができるようになった。人の話声（音声）を文字に変換するソフトウェアのひとつに「UDトーク」[*2]がある。UDトークは音声の「見える化」を実現したソフトウェアである。つまり，人の話声をリアルタイムで文字情報に変換し，聞き手の手元にあるタブレット端末やスマートフォン上に表示する。プロジェクターを使って端末に表示された画面をスクリーンに投影すれば，複数の聴き手が話し手の発話を文字情報で共有することもできる（図8.2）。音声を文字情報に変換する際に表記や変換の誤りがあった場合は，健聴者がタブレット上でそれを確認し，正しい文字に修正することも可能である。大学の授業などでは要約筆記（ノートテイク）を担当する支援者がその役割を担うこともある。UDトークの他，AIによる音声認識機能により，動画内の音声を文字情報へと変換し，**自動で字幕を生成**するアプリケーション[*3]などもあり手軽に利用できる。

＊2　UDトーク
「コミュニケーション支援・会話の見える化」アプリ
https://udtalk.jp/

＊3　Vrew（ブリュー）
人工知能を活用した動画編集プログラム。動画の音声を自動で分析し，自動で字幕を生成する機能などがある。
https://vrew.voyagerx.com/ja/

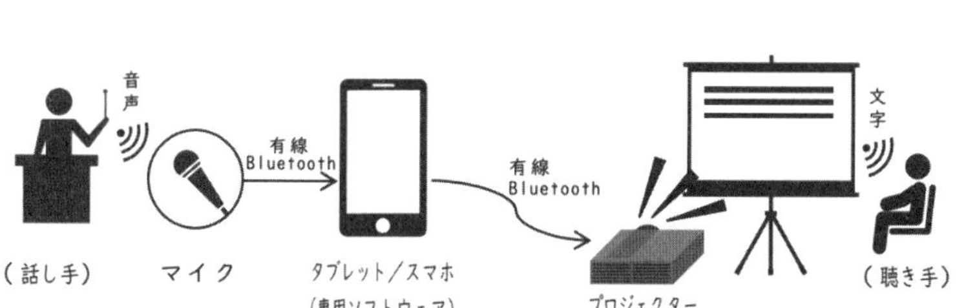

図8.2　音声文字変換システム利用のイメージ

3. 知的障害教育での活用例

知的障害とは，一般に同年齢の子どもと比べて「認知や言語などにかかわる知的機能」の発達に遅れが認められ，他人との意思の交換，日常生活や社会生活，安全，仕事，余暇利用などについての適応能力」も不十分であり，特別な支援や配慮が必要な状態とされている（文部科学省，2022）。その中でも，「他人との意思疎通が困難で日常生活を営むのに頻繁に援助を必要とする程度のもの，社会生活への適応が著しく困難なもの」は，特別支援学校（知的障害）の就学対象となる。知的発達の遅れの程度や起因疾患によって個々の状態は大きく異なるが，抽象的思考や論理的思考を苦手としており，全般的に学習内容の習得が困難であることが多い。そのため，知的発達の遅れに応じた**わかりやすい指示や教材・教具**を提供し，具体的に思考や判断，表現ができるように指導を進めることが重要である。

これらの特性を踏まえ，知的障害のある児童生徒の学習指導では**視覚教材**が多く用いられる。授業の中で絵カードや写真カードを提示したり，具体物を実際に操作させたりしながら指導を行う。特に，教室に設置されたモニターにパソコンやタブレット端末をつなぎ，**写真や動画教材，プレゼンテーションソフトなど**を使って学習内容の理解を促すことができる。インターネットを活用した指導も効果的であり，例えば，修学旅行の事前学習において，Google Earth[*4] を使って滞在先までの距離を示したり，自治体のホームページで観光地の写真を見たり，宿泊するホテルの施設を確認したりして，目的地の具体的なイメージを持ちながら当日に向けての準備を進めることができる。その他，各教科・領域の学習をわかりやすく解説している動画（図 8.3）を補助教材として使用することで，学習への意欲

＊4 Google Earth
地球全体の衛星画像及び 3D 地形や国内外のあらゆる場所を探索できるアプリケーション。
https://www.google.co.jp/intl/ja/earth/

＊5　NHK for School
日本放送協会（NHK）が作成している学校向けコンテンツ。
https://www.nhk.or.jp/school/

＊6　（アプリ）たのしい！ひらがな
©Rainbowmimizu
https://www.rainbowmimizu.com/fun_hiragana_jp/

＊7　（アプリ）常用漢字筆順辞典
©NOWPRODUCTION CO., LTD.
https://www.nowpro.co.jp/menu/products/iphone/hitsujyun/pc.html

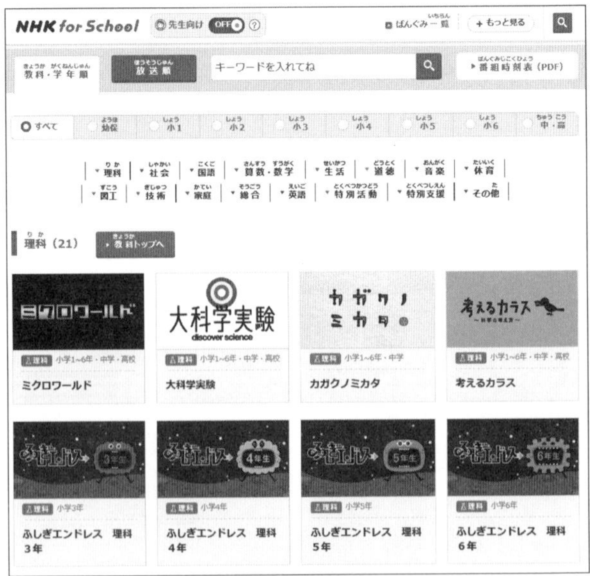

図 8.3　NHK for School[*5] の HP

を高めながら指導することができる。

「読む，書く，計算する」といった学習の基礎スキルの習得を促すために効果的な**学習支援アプリ**も多く開発されている。例えば，タブレットの画面上に表示された平仮名を指でなぞることによって字形を学習できるアプリ*6や，漢字の読みや筆順を手軽に確認できるアプリ*7など，従来のプリント教材では成し得ない学習方法が利用可能である。これらの基礎学習を支援することを目的としたICT利用の他，論理的に話す力を養うために話したい内容を整理するためのアプリや，活動の見通しをもち主体的に行動することを支援するスケジュール管理アプリなども活用されている。ただし，これらの教材を導入する際には，それを使って学ぶ子どもの発達の状況を十分に押さえておく必要があり，子どもの実態に関わらず使用することは避けなくてはならない。東京大学先端科学技術研究センター，ソフトバンク株式会社，株式会社エデュアスが連携して進めている「魔法のプロジェクト」*8では，スマートフォンやタブレットなどの携帯情報端末を有効活用した事例について広く情報発信している。

*8　魔法のプロジェクト
https://maho-prj.org/

4. 肢体不自由教育での活用例

肢体不自由とは，身体の動きに関する器官が，病気やけがで損なわれ，歩行や筆記などの日常生活動作が困難な状態をいう（文部科学省，2022）。その中で，「肢体不自由の状態が補装具によっても歩行，筆記等日常生活における基本的な動作が不可能又は困難な程度のもの，常時の医学的観察指導を必要とする程度のもの」は，特別支援学校（肢体不自由）の対象となる。肢体不自由児は身体の運動機能に障害があるため，動かすことのできる身体部分を使って自分の気持ちや意思を伝えなくてはならない。ICT機器を利用すれば，身体の微細な動きを利用してスイッチやタッチパネルなどを操作し，肢体不自由児の**意思表出を支援**することができる。このように，その人に残された能力とテクノロジーの力で自分の意思を相手に伝える技法のことを**AAC**（Augmentative and Alternative Communication：拡大代替コミュニケーション）と呼ぶ（中邑，2014）。ボタンを押すと音声が出る機器やコンピュータなどを操作して，自分の意思を表出するVOCA（ヴォカ）（Voice Output Communication Aids）がその代表例である。VOCAを作動させるための入力装置は子どもの動作特性を検討したうえで選定するが，押しボタン式，レバー式，タッチパネル式に加え，近年では視線入力装置や，顔や頭を動かすだけで入力できる機器の開発が進んでいる。

重度の肢体不自由と重度の知的障害を併せ有する重度・重複障害児のなかには，身体の可動範囲が非常に限定されており，外界から働きかけても反応が微弱であるためにわかりづらいことがある。そのような子どもが一つのスイッチを押す動作のみでパソコンを使って文章を作成し，メール機能を利用して他者と関わる実践が報告されている（大河原，2016)。メール機能を指導すると，その児童は大変意欲的に自分から「お父さん（にメールを送りたい)」と話したり，自らメールチェックをして担任からの連絡を授業の前に開いていたりする様子が見られた。この事例のように，ICTを利用して人との会話を楽しんだり，できなかったことができるようになったりすることで喜びを感じられると，子どもの生活全般への意欲が高まる。今後はeスポーツやeコマース，メタバースの潮流に乗り，職業や余暇活動の幅をさらに広げていくことが期待される。

5. 病弱・身体虚弱教育での活用例

病弱とは，心身が病気のために弱っている状態をいう。また，身体虚弱とは，病気ではないが身体が不調な状態が続く，病気にかかりやすいといった状態をいう（文部科学省，2022)。この中で，「慢性の呼吸器疾患，腎臓疾患及び神経疾患，悪性新生物その他の疾患の状態が継続して医療又は生活規制を必要とする程度のもの，身体虚弱の状態が継続して生活規制を必要とする程度のもの」は，特別支援学校（病弱）の就学対象となる。病弱・身体虚弱の子どもの中には，長期的な入院が必要となる者や，身体に過度な負担がかからないように通常の学校生活を送るうえで配慮を要する者がいる。特に手術を受けた経験がある子どもなどは，運動や学校行事において制限を受けることが多いため，学習の基礎となる体験が不足することがある。

移動範囲や活動量の制限から年齢相応の体験が不足している場合に，ICTを活用することで，間接体験や疑似体験，仮想体験の機会を提供することができる。例えば，web会議システムを利用して遠隔にいる友達と交流したり，VR（Virtual Reality）ゴーグルを使って校外学習を行うなどの実践が行われている。また，インターネットを利用して自宅や病室から遠隔に設置された機器を操作し，療養中であっても学校の授業に参加できるよう支援する試みも広がってきている。ICTを使って教室と病室や自宅をつなぐことにより，体調の急変などへの不安がある子どもにおいても，安心して学校の授業に参加することができる。

学校卒業後も病室や自宅での療養が必要となる者が，社会とのつながりを持ち続け労働の機会が得られるように，分身ロボットを遠隔操作してサービスを提供するカフェが誕生している[*9]。ここでは，外出が困難な従業員がバリスタ研修を受けロボットの遠隔操作でコーヒーを入れて提供したり，注文を取るだけでなく客を会話で楽しませたりすることができる。ICTの活用により病弱・身体虚弱者の社会参加を後押しする取り組みは今後も広がっていくと考えられる。そういった未来を視野に入れて，学校

*9 分身ロボットカフェ DOWN2021-AVATAR ROBOT CAFÉ
https://dawn2021.orylab.com/

在籍時からICTを使って集団活動に参加したり経験を積んだりしておくことは，社会性やコミュニケーション能力を身につけるうえでも重要である。また，そのような活動を通して自分の可能性に気づくことができれば，自立に向けた意欲や，病気などの困難を乗り越えようとする原動力にもなりうる。

6. 障害のある子どもの表現・創作活動を支援するためのICT活用

障害のある児童生徒のICT活用について検討する際に，障害による学習や生活上の困難を改善するための配慮（つまり「できないことをサポートすること」）が目的となることが多い。一方で，特別支援教育では，障害のある児童生徒の内面を引き出し，創造的な活動を支援したりするためにもICTが活用されている。例えば，現在のようにテクノロジーが発達していなかったころは，書字に関する技能の習得が困難で文章を書くことが難しい児童生徒は，文字情報を用いて自分の考えを伝えることが難しかった。しかし，テクノロジーの発達によりキーボード入力，フリック入力，音声入力，視線入力などが利用できるようになると，文字入力により作文を書いたり，SNSで連絡を取り合ったりすることができるようになった。このように，障害のある児童生徒が日常的な生活の中で自己表現をしやすくなったことは注目に値するが，ICTの活用を通して，彼ら彼女らがもっている豊かな創造性やアイディアをクリエイティブな表現・創作活動へと発展させることも今後大いに期待される。

実践例として，タブレット端末の専用アプリを使ってコマ送り動画を作成する活動を通して，友達と協力しながらストーリーについて考えたり，作品を通してメッセージを伝えたりする活動が報告されている（神谷，2018）。障害のある児童生徒の創造的な活動を支援することは，芸術的な価値を生み出すだけでなく，職業技能，余暇活動としての価値をも生み出し，主体的・対話的な学びの促進につながるなど幅広い可能性を秘めている。ICTはそれを実現するために最も有効なツールのひとつである。

［原田晋吾］

8.3 ICTと障害者の日常生活

1. ICTで広がる合理的配慮とユニバーサルデザイン

ここまで，学校教育の中でのICT活用について見てきたが，ICTは学習支援だけでなく障害者の日常生活を支えるうえでも活用されている。2013年に成立した「障害を理由とする差別の解消の推進に関する法律（略称：障害者差別解消法）」では，障害のある者の社会的障壁を取り除き，誰もが分け隔てなく**共生できる社会**を目指すために，合理的配慮の提供を求めている。2021年5月の一部改正により，国や地方公共団体のみでなく，各事業所でも**合理的配慮の提供が義務化**された。内閣府の「合理的配慮具体例データ集―合理的配慮サーチ」のサイト[*1]では，自治体や事業所が行う社会的障壁に対する合理的配慮の提供の例を見ることができ，具体的な提供例としてICTを活用した取り組みも紹介されている。例えば，フォーラムのパンフレットに書かれてあることを読むことができず当日の内容がわからない方から事前連絡を受けて，パンフレットの電子データを提供し読み上げ機能を利用してもらう事例が示されている。この例に見られるように，誰でも必要とする情報に簡単にたどりつけ，提供されている情報や機能を利用できることを「**アクセシビリティ**」といい，それを可能とする支援技術を「**アシスティブテクノロジー**（AT：Assistive Technology）」と呼んでいる。ATとしてICTが果たす役割は大きく，今後の発展が期待される。

＊1　合理的配慮等具体例データ集（内閣府）
https://www8.cao.go.jp/shougai/suishin/jirei/

合理的配慮が個々の障害特性や困難に合わせて提供されるものであるのに対し，あらかじめ障害の有無，年齢，性別，人種などに関わらず多様な人々が利用しやすいよう都市や生活環境をデザインする考え方を**ユニバーサルデザイン**（UD: Universal Design）と呼ぶ。具体例として，公共の施設に設置されている多機能トイレや，空港などの表示に使用されるピクトグラムなどがある。現在，ICT関連企業はUDを重視した開発を進めており，今後はまちづくり，ものづくり，情報通信，サービス業などあらゆる場面で障害のある人の社会参加を後押しするためにICTが活用される時代となるだろう。盲の人が利用しやすい銀行ATMや，知的障害の人が道に迷うことなく目的地にたどり着けるウェアラブルデバイスなど，その可能性は無限に広がる。AIやIoTによって社会のあらゆる問題が解決されるSociety 5.0時代において，ICTを活用することでATやUDがさらに進化し，障害がある人も参加しやすい社会となることが期待される。そのような時代を見据えて，学校教育では障害のある児童生徒に対し，これからの時代を生きていくためのツールとして，いわゆる「文房具」のよ

うにICTを使えるよう指導・支援を進めていくことが重要となる。

2. 障害者のICT活用に関する課題

現代社会では，買い物，電話，銀行などの日常的な活動は，ますますテクノロジーとの関わりが必要になっており，デジタル技術の使用は今や必須のライフスキルとなっている。国や自治体による公共サービスの提供や自然災害に関する情報の受信，職場の同僚や友人との連絡などはいずれもデジタル機器を介して行われることが多くなった。各所でデジタル化が加速するなか，インターネット通信を利用できる者は大きな恩恵を受け，生活が豊かになる時代となっている。一方でデジタル技術へのアクセスに制約のある一部の国民の**デジタル格差**が問題となり，デジタル技術が進んでいる先進国が共通して抱える喫緊の課題となっている。デジタル庁（2022）は，「誰一人取り残されないデジタル社会」を掲げ，デジタル格差のないインクルーシブ（包摂的）な社会実現のために，高齢者や障害者などに対するICT利活用支援に取り組む方針を打ち出している。障害者のデジタル格差を解消するための支援を進めるにあたっては，２つの観点から支援方法を検討する必要がある。ひとつ目は先に述べた**アクセシビリティの問題**である。インターネットを使って情報にアクセスするためには，機器を工夫することにより障害による物理的な操作上の困難や障壁（バリア）を取り除く必要がある。この点は，次々と生み出される技術開発によりデジタルデバイスの操作性が改善し，ICTのUD化が進むことによって解決されそうである[*2]。アクセシビリティの問題が解決した後に生じるもうひとつの課題は，SNSやインターネット上のコンテンツを利用する際に求められる**ルールやマナーの習得に関する問題**である。特に，知的障害や発達障害の児童生徒においては，陥りやすいネット上のトラブルなどを整理したうえで，**情報モラル教育**[*3]や**デジタルシティズンシップ教育**[*4]を通して予防的指導を進めていく必要がある。アクセシビリティの改善によりインターネットへのアクセスが容易になっていく時代の中で，インターネットへのアクセス方法に関する指導支援のみではなく，利用上の注意点に関する指導支援を進めていかなくてはならない。技術革新により，私たちが生活の中で利用する情報通信機器のユニバーサルデザイン化が進んでいる。その恩恵を受けて障害の有無に関わらずさまざまな情報にアクセスしやすくなった現在，次は障害のある人もそれらを上手に利用しながら豊かな生活を送れるよう支援するためのデザイン（**コンプリヘンシブ・デザイン**[*5]：Comprehensive Design）について，支援者やサービス提供者側も検討を進めていく必要がある。　［原田晋吾］

＊2　障害者情報アクセシビリティ・コミュニケーション施策推進法（令和４年５月施行）に基づき，政府は，障害者による情報の取得及び利用並びに意思疎通に係る施策を推進するものとされている。

＊3　情報モラル
情報社会で適正な活動を行うための基になる考え方と態度」のことであり，学習指導要領では各教科の指導の中で身につけさせることとしている。

＊4　デジタルシティズンシップ教育については，6.5を参照。

＊5　主に知的障害者に対する支援を考えるときに，アクセシビリティ向上のみでなくソーシャリゼーションをも考慮しておくことが重要である。これらの両方を実現させるための理念として本田（2013）は「コンプリヘンシブ・デザイン」を提唱している。

【発展問題】

・自閉症スペクトラム障害や学習障害などの発達特性を調べ，それらの子どもの学習や生活を支援するための ICT 活用について述べてみよう。

【推薦文献】

・**文部科学省『障害のある子供の教育支援の手引—子供たち一人一人の教育的ニーズを踏まえた学びの充実に向けて』ジアース教育新社，2022 年**

　障害に応じた対応について，より深く学ぶことができる。教材・教具や設備の工夫など，より具体的な手立てが示されている。ICT の活用についても触れられているので，参考にしてほしい。

引用・参考文献

第１章

教育科学研究会・中村（新井）清二・石垣雅也編著（2020）『コロナ時代の教師のしごと』旬報社

国立教育政策研究所編（2019）「教員環境の国際比較：OECD 国際教員指導環境調査（TALIS）2018 報告書─学び続ける教員と校長─の要約」https://www.nier.go.jp/kokusai/talis/pdf/talis2018_summary.pdf（2022 年 9 月 10 日最終閲覧）

子安潤（2004）「学習権の保障」日本教育方法学会編『現代教育方法事典』図書文化

総務省（2017）『平成 29 年版　情報通信白書』https://www.soumu.go.jp/johotsusintokei/whitepaper/ja/h29/pdf/29honpen.pdf（2022 年 9 月 10 日最終閲覧）

中央教育審議会（2021）「「令和の日本型学校教育」の構築を目指して～全ての子供たちの可能性を引き出す，個別最適な学びと，協働的な学びの実現～（答申）」https://www.mext.go.jp/content/20210126-mxt_syoto02-000012321_2-4.pdf（2022 年 9 月 10 日最終閲覧）

中央教育審議会初等中等教育分科会（2019）「新しい時代の初等中等教育の在り方 論点取りまとめ」https://www.mext.go.jp/content/20200106-mext_syoto02-000003701_2.pdf（2022 年 9 月 10 日最終閲覧）

内閣府政策統括官（2017）「日本経済 2016-2017 ─好循環の拡大に向けた展望─」https://www5.cao.go.jp/keizai3/2016/0117nk/index.html（2022 年 9 月 10 日最終閲覧）

東原義訓（2008）「我が国における学力向上を目指した ICT 活用の系譜」日本教育工学会論文誌，32 巻 3 号，241-252 頁

文部科学省「学校における教育の情報化の実態等に関する調査」政府統計の総合窓口（e-Stat）https://www.e-stat.go.jp/stat-search/files?page=1&toukei=00400306&tstat=000001045486（2023 年 1 月 23 日最終閲覧）

文部科学省（2014）「学びのイノベーション事業実証研究報告書」https://www.mext.go.jp/b_www.mext.go.jp/component/a_menu/other/detail/__icsFiles/afieldfile/2019/06/24/1418387_02.pdf（2022 年 9 月 10 日最終閲覧）

文部科学省（2019a）「GIGA スクール構想の実現について」https://www.mext.go.jp/a_menu/other/index_00001.htm（2022 年 9 月 10 日最終閲覧）

文部科学省（2019b）「新時代の学びを支える先端技術活用推進方策（最終まとめ）」https://www.mext.go.jp/component/a_menu/other/detail/__icsFiles/afieldfile/2019/06/24/1418387_02.pdf（2022 年 9 月 10 日最終閲覧）

文部科学省・国立教育政策研究所（2019）「OECD　生徒の学習到達度調査 2018 年調査（PISA2018）のポイント」https://www.nier.go.jp/kokusai/pisa/pdf/2018/01_point.pdf（2022 年 9 月 10 日最終閲覧）

文部科学省（2020）「GIGA スクール構想の実現へ（リーフレット：追補版）」https://www.mext.go.jp/content/20200625-mxt_syoto01-000003278_2.pdf（2022 年 9 月 10 日最終閲覧）

文部科学省（2021）「学校における先端技術活用ガイドブック（第 1 版）─「新時代の学びにおける先端技術導入実証研究事業」の成果を踏まえて─」https://www.mext.go.jp/content/20210623-mxt_syoto01-100013299_001.pdf（2022 年 9 月 10 日最終閲覧）

OECD（2021）Children in the Digital Environment; Revised Typology of Risks.（=2022，OECD 編著，LINE みらい財団監訳，齋藤長行・新垣円訳「第 2 章 デジタル環境の子どもたち：改訂リスクタイポロジー」『デジタル環境の子どもたち─インターネットのウェルビーイングに向けて』明石書店）

第 2 章

中央教育審議会 (2016)「幼稚園，小学校，中学校，高等学校及び特別支援学校の学習指導要領等の改善及び必要な方策等について (答申)」https://www.mext.go.jp/b_menu/shingi/chukyo/chukyo0/toushin/__icsFiles/afieldfile/2017/01/10/1380902_0.pdf (2022 年 9 月 1 日最終閲覧)

中央教育審議会 (2021)「「令和の日本型学校教育」の構築を目指して～全ての子供たちの可能性を引き出す，個別最適な学びと，協働的な学びの実現～（答申)」https://www.mext.go.jp/content/20210126-mxt_syoto02-000012321_2-4.pdf（2022 年 9 月 1 日最終閲覧）

奈須正裕 (2021)『個別最適な学びと協働的な学び』東洋館出版社，235-240 頁

奈須正裕 (2022)『個別最適な学びの足場を組む。』教育開発研究所，126-133 頁，183-186 頁

文部科学省 (2017)「小学校学習指導要領 (平成 29 年告示) 解説　総合的な学習の時間編」https://www.mext.go.jp/component/a_menu/education/micro_detail/__icsFiles/afieldfile/2019/03/18/1387017_013_1.pdf（2022 年 11 月 19 日最終閲覧）

Johnson, D. W., Johnson, R. T., & Holubec, E. J. (1993) *Circles of learning: Cooperation in the classroom*. 4th ed. Ebina, MN: Interaction Book Company.

第 3 章

井口武俊 (2021)「学習意欲を高める体育授業の展開―フロー理論を用いた児童の適正な課題選択に着目して」教育実践学研究，第 24 号，15-26 頁

伊藤雅子・石橋和子 (2022)「小学校家庭科教育における ICT 活用」岩手大学教育学部『教育実践研究論文集』第 9 巻，46-50 頁

澤井陽介・加藤寿朗 (2017)『見方・考え方［社会科編］―「見方・考え方」を働かせる真の授業の姿とは ?』東洋館出版社

竹下俊治・雑賀大輔・吉冨健一（2020)「VR 技術を用いた理科教材の開発と諸課題の検討」学校教育実践学研究，26 巻，9-14 頁

土手絢心・北村史・瀬戸崎典夫（2021)「協働的に月の満ち欠けのしくみを学ぶオンライン型 VR 教材の開発」日本教育工学会論文誌，45 巻，217-220 頁

西岡加名恵・石井英真・久富望・肖瑶 (2022)「デジタル化されたドリルの現状と今後の課題―算数・数学に焦点を合わせて―」京都大学大学院教育学研究科紀要，第 68 号，261-285 頁

平山大輔・森川英美・後藤太一郎 (2014)「光合成の授業における ICT の活用とその有効性―小学校理科 6 年小単元「生物と空気のかかわり」に注目して―」理科教育学研究，54 巻 3 号，419-426 頁

松下佳代 (2004)「百ます計算で何が獲得され，何が獲得されないか」教育，54 巻 6 号，20-22 頁

文部科学省 (2017a)「小学校学習指導要領 (平成 29 年告示) 解説　国語編」

文部科学省 (2017b)「小学校学習指導要領 (平成 29 年告示) 解説　社会編」

文部科学省 (2017c)「小学校学習指導要領 (平成 29 年告示) 解説　算数編」

文部科学省 (2017d)「小学校学習指導要領 (平成 29 年告示) 解説　理科編」

文部科学省 (2017e)「小学校学習指導要領 (平成 29 年告示) 解説　生活編」

文部科学省 (2017f)「小学校学習指導要領 (平成 29 年告示) 解説　音楽編」

文部科学省 (2017g)「小学校学習指導要領 (平成 29 年告示) 解説　図画工作編」

文部科学省 (2017h)「小学校学習指導要領 (平成 29 年告示) 解説　家庭編」

文部科学省 (2017i)「小学校学習指導要領 (平成 29 年告示) 解説　体育編」

文部科学省 (2017j)「小学校学習指導要領 (平成 29 年告示) 解説　外国語活動・外国語編」

文部科学省 (2017k)「小学校学習指導要領 (平成 29 年告示) 解説　特別の教科　道徳編」

文部科学省 (2017l)「小学校学習指導要領 (平成 29 年告示) 解説　総合的な学習の時間編」

文部科学省 (2019a)「第 4 章　教科等の指導における ICT の活用」『教育の情報化に関する手引』85-86 頁　https://www.mext.go.jp/content/20200609-mxt_jogai01-000003284_003.pdf (2022 年 9 月 1 日最終閲覧)

文部科学省 (2019b)「令和元年度「英語教育実施状況調査」概要」https://www.mext.go.jp/content/20220513-mxt_kyoiku01-000008761_2.pdf（2022 年 11 月 20 日最終閲覧）

文部科学省 (2019c)「令和元年度「英語教育実施状況調査」都道府県別一覧表高等学校」https://

www.mext.go.jp/content/20200715-mxt_kyoiku01-000008761_9.pdf（2022 年 11 月 20 日最終閲覧）
文部科学省（2020）「外国語の指導における ICT の活用について」https://www.mext.go.jp/content/20201102-mxt_jogai01-000010146_009.pdf（2022 年 11 月 20 日最終閲覧）
文部科学省（2020）「家庭，技術・家庭（家庭分野）の指導における ICT の活用について」https://www.mext.go.jp/content/20200911-mxt_jogai01-000009772_11.pdf（2022 年 11 月 20 日最終閲覧）
文部科学省（2020）「算数・数学科の指導における ICT の活用について」https://www.mext.go.jp/content/20200914-mxt_jogai01-000009772_001.pdf（2022 年 9 月 10 日最終閲覧）
文部科学省（2020）「小学校図画工作科の指導における ICT 活用について」https://www.mext.go.jp/content/20200911-mxt_jogai01-000009772_07.pdf（2022 年 9 月 10 日最終閲覧）
文部科学省（2020）「生活科・総合的な学習（探究）の時間の指導における ICT の活用について」https://www.mext.go.jp/content/20200911-mxt_jogai01-000009772_16.pdf（2022 年 9 月 10 日最終閲覧）
文部科学省（2021）「GIGA スクール構想のもとでの小学校外国語活動・外国語科の指導について」https://www.mext.go.jp/content/20211005-mxt_kyoiku01-000015515_gaikokugo_ts.pdf（2022 年 11 月 20 日最終閲覧）
文部科学省（2021）「GIGA スクール構想のもとでの小学校家庭科の指導について」https://www.mext.go.jp/content/20210630-mxt_kyoiku01-000015513_rs.pdf（2022 年 11 月 20 日最終閲覧）
文部科学省（2021）「GIGA スクール構想のもとでの小学校算数科の指導について」https://www.mext.go.jp/content/20211126-mxt_kyoiku02-000015480_sansu_ts.pdf（2022 年 9 月 10 日最終閲覧）
文部科学省（2021）「GIGA スクール構想のもとでの生活科の指導について」https://www.mext.go.jp/content/20211202-mxt_kyoiku02-000015520_seikatsu_t.pdf（2022 年 9 月 10 日最終閲覧）
文部科学省（2021）「GIGA スクール構想のもとでの理科の指導について」https://www.mext.go.jp/content/20211215-mxt_kyoiku02-000015482_rika_st.pdf（2022 年 9 月 10 日最終閲覧）
文部科学省（2021）「理科の指導における ICT の活用について」https://www.mext.go.jp/content/20210616-mxt_jogai01-000010146_004.pdf（2022 年 9 月 10 日最終閲覧）

第 4 章

河村茂雄（2012）『学級集団づくりのゼロ段階―学級経営力を高める Q-U 式学級集団づくり入門』図書文化社

第 5 章

大阪市（2014）「校務支援 ICT 活用事業の検証結果」https://www.mext.go.jp/component/a_menu/education/detail/__icsFiles/afieldfile/2016/04/08/1369517_03_1.pdf（2022 年 9 月 1 日閲覧最終閲覧）
金澤幸英・深谷和義（2017）「都道府県教育センターにおける教師研修と教師の ICT 活用指導力との関係」椙山女学園大学教育学部紀要，Vol.10, 73-82 頁
中央教育審議会（2019）「新しい時代の教育に向けた持続可能な学校指導・運営体制の構築のための学校における働き方改革に関する総合的な方策について（答申）」https://www.mext.go.jp/b_menu/shingi/chukyo/chukyo3/079/sonota/1412985.htm（2022 年 9 月 1 日最終閲覧）
日本教育工学振興会（2007）「校務の情報化の現状と今後の在り方に関する研究」http://www2.japet.or.jp/komuict/rp00.pdf（2023 年 2 月 10 日最終閲覧）
堀田龍也・佐藤和紀編著（2019）『情報化社会を支える教師になるための教育の方法と技術』三省堂，216-220 頁
文部科学省（2017）「小学校学習指導要領（平成 29 年告示）解説　総則編」
文部科学省（2018）「教員勤務実態調査（平成 28 年度）（確定値）について」https://www.mext.go.jp/b_

menu/shingi/chukyo/chukyo3/079/siryo/__icsFiles/afieldfile/2018/09/28/1409717_4_1.pdf（2023 年 3 月 1 日最終閲覧）
文部科学省（2019a）「教育の情報化に関する手引」https://www.mext.go.jp/content/20200609-mxt_jogai01-000003284_002.pdf（2023 年 3 月 1 日最終閲覧）
文部科学省（2019b）「統合型校務支援システムの導入のための手引き」https://www.mext.go.jp/component/b_menu/shingi/giji/__icsFiles/afieldfile/2019/05/09/1416231_025.pdf（2022 年 9 月 1 日最終閲覧）
文部科学省（2020a）「教育の情報化に関する手引―追補版―（令和 2 年 6 月）第 5 章 校務の情報化の推進」https://www.mext.go.jp/content/20200608-mxt_jogai01-000003284_006.pdf（2022 年 9 月 1 日最終閲覧）
文部科学省（2020b）「学習の基盤となる資質・能力としての情報活用能力の育成　体系表例とカリキュラム・マネジメントモデルの活用」1-15 頁 https://www.mext.go.jp/content/20201002-mxt_jogai01-100003163_1.pdf（2022 年 9 月 1 日最終閲覧）
文部科学省（2021）「GIGA スクール構想に関する各種調査の結果」https://www.mext.go.jp/content/20210827-mxt_jogai01-000017383_10.pdf（2022 年 9 月 1 日最終閲覧）
文部科学省（2022）「令和 3 年度学校における教育の情報化の実態等に関する調査結果（概要）〔確定値〕」https://www.mext.go.jp/content/20221027-mxt_jogai02-000025395_100.pdf（2022 年 9 月 1 日最終閲覧）

第 6 章

坂本旬・豊福晋平・今度珠美・林一真・平井聡一郎・芳賀高洋・阿部和広・我妻潤子（2022）『デジタルシティズンシップ プラス』大月書店
津守真（1979）『子ども学のはじまり』フレーベル館
文部科学省（2018）『幼稚園教育要領解説』https://www.mext.go.jp/content/1384661_3_3.pdf（2023 年 3 月 3 日最終閲覧）
American Academy of Pediatrics, Council on Communications and Media（2016）Media and Young Minds, Pediatrics　http://pediatrics.aappublications.org/content/early/2016/10/19/peds.2016-2591（2022 年 9 月 6 日最終閲覧）
Arnott, L. Ed.（2017）Digital technologies and learning in the early years, Sage Publications, The Digital Play booklet https://www.de.ed.ac.uk/project/digital-play（2022 年 9 月 6 日最終閲覧）
Common Sense Education, Everything You Need to Teach Digital Citizenship　https://www.commonsense.org/education/digital-citizenship（2022 年 9 月 6 日最終閲覧）
Halinen, I., Harmanen, M. & Mattila, P.（2015）Making Sense of Complexity of the World Today: Why Finland is Introducing Multiliteracy in Teaching and Learning, In V. Bozsik Ed. Improving Literacy Skills across Learning, CIDREE Yearbook, Budapest: HIERD, pp.136-153
Marklund, L.（2020）Digital play in preschools : understandings from educational use and professional learning, PhD dissertation, Umeå university http://urn.kb.se/resolve?urn=urn:nbn:se:umu:diva-168864（2022 年 9 月 6 日最終閲覧）
Marklund, Leif., & Dunkels, Elza.（2016）Digital play as a means todevelop children's literacy and power in the Swedish preschool, Early Years, 36（3）, pp.289-304,III
NAEYC: The National Association for the Education of Young Children（2012）Technology and interactive media as tools in early childhood programs serving children from birth through age 8　http://www.naeyc.org/files/naeyc/file/positions/PS_technology_WEB2.pdf（2022 年 9 月 6 日最終閲覧）
Palsa, L. & Salomaa, S.（2019）*Media Literacy in Finland-National Media Education*, Ministry of Education and Culture https://julkaisut.valtioneuvosto.fi/bitstream/handle/10024/162065/OKM_2019_39.pdf?se-quence=1&isAllowed=y （2022 年 9 月 6

日最終閲覧)
Stephen, C. & Edwards, S. (2015) *Digital play and technologies in the early years*, London : Routledge.
The Finnish National Agency for Education (2019) *National Core Curriculum on Early Childhood Education and Care2018.*

第７章

大嶽広展 (2021)『図解入門業界研究　最新　保育サービス業界の動向とカラクリがよ～くわかる本［第４版］』秀和システム
厚生労働省 (2020)「保育所における自己評価ガイドライン (2020 年改訂版)」https://www.mhlw.go.jp/content/000609915.pdf (2023 年２月 24 日最終閲覧)
二宮祐子・富山大士 (2020)「保育現場における園務支援システム導入の抑制要因と促進要因」『子ども社会研究』26 巻，5-23 頁
ユニファ株式会社「ルクミー手帳チェックができること」https://lookmee.jp/gosui/ (2023 年２月 24 日最終閲覧)
Child Care Web Inc.「Child Care Web の機能」https://home.childcareweb.jp/ (2023 年２月 24 日最終閲覧)

第８章

大河原みのり (2016)「メールを送ろう～意思伝達装置のスイッチ操作でメールをする～」金森克浩監修全国特別支援学校知的障害教育校長会 編『知的障害特別支援学校の ICT を活用した授業づくり』ジアース教育新社，26-29 頁
神谷加代 (2018)「教育と Apple iPad は改善するためのツールではなく，”可能性”を広げるツール」『Mac Fan』９月号，マイナビ出版，126-127 頁
デジタル庁 (2022)「デジタル社会の実現に向けた重点計画」https://www.digital.go.jp/assets/contents/node/basic_page/field_ref_resources/5ecac8cc-50f1-4168-b989-2bcaabffe870/d130556b/20220607_policies_priority_outline_05.pdf (2022 年９月 12 日最終閲覧)
中邑賢龍 (2014)『AAC 入門：コミュニケーションに困難を抱える人とのコミュニケーションの技法』こころリソースブック出版会
本田秀夫 (2013)『子どもから大人への発達精神医学―自閉症スペクトラム・ADHD・知的障害の基礎と実践』金剛出版
文部科学省 (2007)「特別支援教育の推進について (通知)」https://www.mext.go.jp/b_menu/shingi/chukyo/chukyo3/044/attach/1300904.htm (2022 年９月 12 日最終閲覧)
文部科学省 (2017)「特別支援学校小学部・中学部学習指導要領」https://www.mext.go.jp/content/20200407-mxt_tokubetu01-100002983_1.pdf (2022 年９月 12 日最終閲覧)
文部科学省 (2020)「特別支援教育における ICT の活用について」https://www.mext.go.jp/content/20200911-mxt_jogai01-000009772_18.pdf (2022 年９月 12 日最終閲覧)
文部科学省 (2021a)「特別支援学校等の児童生徒の増加の状況 (H23 → R3)」通常の学級に在籍する障害のある児童生徒への支援のあり方に関する検討会議 (第２回) 会議資料，【参考資料２】基礎資料集，1. 特別支援教育の現状について ,p2 https://www.mext.go.jp/kaigisiryo/content/20220825-mxt_tokubetu01-000023940_1.pdf (2022 年９月 12 日最終閲覧)
文部科学省 (2021b)「新しい時代の特別支援教育の在り方に関する有識者会議報告」https://www.mext.go.jp/content/20210208-mxt_tokubetu02-000012615_2.pdf (2022 年９月 12 日最終閲覧)
文部科学省 (2022)『障害のある子供の教育支援の手引―子供たち一人一人の教育的ニーズを踏まえた学びの充実に向けて』ジアース教育新社

(※本文中に掲載している QR コードについてはいずれも 2023 年３月 10 日最終閲覧)

索 引

[編著者紹介]

末松　加奈（すえまつ・かな）

1983年　東京生まれ
2005年　東北大学工学部卒業
2016年　お茶の水女子大学大学院人間文化創成科学研究科人間発達科学専攻博士前期課程修了　修士（学術）
現　在　東京家政学院大学現代生活学部児童学科　助教
専　攻　教育心理学（教授学習心理学）
主　著　『やさしく学ぶ教職課程　教育心理学』（分担執筆，児玉佳一編著，学文社，2020年），『実践につながる新しい幼児教育の方法と技術』（分担執筆，大浦賢治・野津直樹編著，ミネルヴァ書房，2020年）

やさしく学ぶ教職課程　**幼児と児童のための教育とICT活用**

2023年3月30日　第1版第1刷発行

編著者　末松　加奈

発行者　田中　千津子
発行所　株式会社　学 文 社

〒153-0064　東京都目黒区下目黒3-6-1
電話　03（3715）1501㈹
FAX　03（3715）2012
https://www.gakubunsha.com

印刷　新灯印刷
Printed in Japan

ISBN978-4-7620-3206-6